MARCO POLO

BAYERISCHER WALD

MARCO POLO KOAUTORIN
Anne Kathrin Koophamel

Die Oberbayerin verliebte sich erst in einen Waidler, dann in den Wald selbst. Als sie am Stammtisch sitzend nichts verstand, wusste sie: „Diese Region ist eine Herausforderung und genau das Richtige für mich.“ Am liebsten sitzt sie im Kanu auf dem Regen und genießt die Ruhe – Ausgleich zu ihrer Tätigkeit als Journalistin in München.

GRATIS

DIE TOUREN-APP

zu den Erlebnistouren zeigt, wo's langgeht: inklusive Tourenverlauf und Offline-Karte

EVENTS & NEWS

Schnell die wichtigsten Infos auf dem Smartphone: Events, News, neue Insider-Tipps und ggf. aktualisierte Erlebnistouren als PDF zum Downloaden

HOLEN SIE MEHR AUS IHREM MARCO POLO RAUS!

SO EINFACH GEHT'S!

1 go.marcopolo.de/bay

2 downloaden und entdecken

GO!

OFFLINE!

SYMBOLE

INSIDER TIPP Insider-Tipp
★ Highlight
●●●● Best of ...
Schöne Aussicht
Grün & fair: für ökologische oder faire Aspekte

PREISKATEGORIEN HOTELS

€€€	über 120 Euro
€€	80–120 Euro
€	unter 80 Euro

Die Preise gelten für zwei Personen im Doppelzimmer mit Frühstück

PREISKATEGORIEN RESTAURANTS

€€€	über 15 Euro
€€	10–15 Euro
€	unter 10 Euro

Die Preise gelten für ein Hauptgericht à la carte ohne Getränke

 Titelthemen: Rodelspaß am Großen Arber S. 41 | Wandern im wilden Höllbachgspreng S. 85

GUT ZU WISSEN
Geschichtstabelle → S. 14
Spezialitäten → S. 28
Igelbusse → S. 79
Lesehunger & Augenfutter → S. 111
Wetter → S. 112
Was kostet wie viel? → S. 113

KARTEN IM BAND
(116 A1) Seitenzahlen und Koordinaten verweisen auf den Reiseatlas
(0) Ort/Adresse liegt außerhalb des Kartenausschnitts
Es sind auch die Objekte mit Koordinaten versehen, die nicht im Reiseatlas stehen
(A–B 2–3) verweist auf die herausnehmbare Faltkarte

UMSCHLAG VORN:
Die wichtigsten Highlights

UMSCHLAG HINTEN:
Karten von Passau und Regensburg

INSIDER TIPP Kleine Stadt, große Kunst

Blaibach bietet Hochkultur, Feierfreuden und Naturerlebnis. Ein Ort zum Entdecken für Besucher, die im Wald nicht auf Operngenuss verzichten möchten → S. 36

INSIDER TIPP Schön lässig

In Viechtach spielen Bands aus aller Welt in der Kapelle des *Alten Spitals* von 1597. Atmosphäre und Akustik sind einmalig → S. 55

INSIDER TIPP Entspannt das Panorama genießen

Mit ordentlichem Antrieb wird jeder Steilhang in der Umgebung von Regen zum Klacks – auf einer *E-Mountainbike-Tour* → S. 45

INSIDER TIPP Geheimnis der Katakomben

In Regen erzählt jeder Eis- und Bierkeller eine über 350 Jahre alte Geschichte. Die *Führungen* bringen sprichwörtlich Licht ins Dunkle → S. 45

INSIDER TIPP Passaus dunkle Seite

Mit der *Halser Ruine* ist die älteste Burg Bayerns zu entdecken und drum herum warten all die finsteren Geschichten um Henker und ihr Handwerk → S. 62

INSIDER TIPP Klein und lecker

Feine regionale Küche bietet das *Hafner-Wirtshaus* direkt am Marktplatz in Perlesreut. Besonders empfehlenswert: das Fleisch vom Bayerwald-Bison → S. 60

INSIDER TIPP Ganz schön auf Zack

Sonst laufen hier im *Hohenzollern Skistadion* am Großen Arbersee die Profis ihre Runden. Doch die Strecke ist auch für Laien freigegeben. Großer Winterspaß! → S. 101

INSIDER TIPP Bier mit Aussicht

Im *Spitalgarten* in Regensburg genießen Sie neben überraschenden Bierkreationen einen einmaligen Ausblick auf die Steinerne Brücke und über die Uferbefestigung auf die Altstadt (Foto o.) → S. 49

INSIDER TIPP Zwischen Felsen und Baumriesen

Erleben Sie den naturgeschützten Urwald am wilden Felsmassiv *Höllbachgspreng* bei Lindberg – Klettern ist dort aber leider verboten (Foto u.) → S. 85

INSIDER TIPP Wellness-Brotzeit

Schläge mit dem Birkenzweig machen müde Muskeln munter: Nach russischer Tradition kommt im Hotel *Lindenwirt* in Drachselsried zum Gang in die Banja-Sauna dieses besondere Massageritual zum Einsatz. Danach gibt es eine zünftige Brotzeit, damit Körper und Geist wieder zueinanderfinden → S. 40

INSIDER TIPP Wilde Wälder

Die *Sagwasserführung* startend am Nationalparkzentrum Lusen ist eine der schönsten Wanderungen der Region. Sie führt durch Urwald, Forstwald, vorbei an umgestürzten Baumriesen und an jüngst gesetzten Keimlingen. Wildnis pur, hautnah und ungefiltert! → S. 79

INSIDER TIPP Schlange zum Frühstück

Nach einer Nacht in der Pension *Hornsteiner* können Sie sich im angrenzenden Yogastudio am Morgen mit der „Kobra" für den Tag in Passau durchdehnen → S. 66

INSIDER TIPP Auf ins Moor

Bei der *Wanderung durchs Arracher Moor* erleben Sie die Natur von einer neuen, unheimlichen, intensiven Seite → S. 36

INSIDER TIPP Fromme Wünsche loswerden im Ex-Kleinbus

Dieses Kirchlein ist wirklich etwas Besonderes: Die *Kapelle auf der Zell* in Frauenau war ursprünglich ein VW-Bus → S. 84

INSIDER TIPP Aus einem Guss

Zugegeben, die Pfannen von *Kindermann in Waldkirchen* sind kein leichtes Souvenir. Aber die Schupfnudeln daheim werden darin viel besser als in jedem normalen Bräter → S. 71

BEST OF ...

TOLLE ORTE ZUM NULLTARIF

Neues entdecken und den Geldbeutel schonen

SPAREN

● *Hören Sie die Domspatzen singen*

Wer die *Regensburger Domspatzen* hören will, muss nur zur Messe in die Kirche gehen. Dort singen die Goldkehlchen fast jeden Sonntag (Foto) → S. 55

● *Hirschkunde für jedermann*

Warum sind Rehe so scheu? Und wieso wachsen Flechten auch auf Steinen? Das *Waldgeschichtliche Museum* in St. Oswald gibt kostenlos Antworten auf allerlei Fragen rund um Bäume, Büsche und Tiere → S. 82

● *Fitness statt Parkgebühren an der Walhalla*

Zeit ist Geld? An der *Walhalla* gilt das Gegenteil. Eilige stellen ihr Auto kostenpflichtig direkt an der Ruhmeshalle über der Donau ab. Wenn Sie am Fuß des Hügels parken und die 358 Stufen erklimmen, zahlen Sie nichts, bleiben fit und genießen in Ruhe den Weitblick → S. 51

● *Kostenlos unterwegs*

Guti sagt man hierzulande zu Bonbons. Mit einem GUTi, dem *Gästeservice-Umwelt-Ticket*, werden alle Urlauber belohnt, die sich in der Nationalparkregion ohne Auto fortbewegen. In vielen Gemeinden ist damit die Nutzung des öffentlichen Nahverkehrs kostenlos → S. 113

● *Mit dem Experten durch die Wildnis*

Während Sie am Bach entlang wandern, berichtet ein kundiger Begleiter, wie früher Holz auf dem Wasser transportiert wurde, erzählt von der Waldwildnis und vom Leben der Waidler. Am Sammelplatz wird wie früher aus großen Schüsseln eine „Koide Supp'n" gereicht. Das ist nur eine der vielen Führungen und Aktionen, die im *Nationalpark* gratis angeboten werden → S. 76

● *Museum unter freiem Himmel*

Genau hinschauen und beobachten: Da wird im Kulturlandschaftsmuseum *KuLaMu* der Heuballen genauso zum Kunstobjekt wie die Blume. Neben der Natur steht die harte Arbeit im Fokus, die der Landstrich früher forderte → S. 81

●●●● Diese Punkte zeichnen in den folgenden Kapiteln die Best-of-Hinweise aus

TYPISCH BAYERISCHER WALD

Das erleben Sie nur hier

Bahnhof in zwei Staaten

Der *Bahnhof* von Bayerisch Eisenstein und Železná Ruda ist der einzige in Mitteleuropa, der auf zwei Staatsgebieten steht. Seit dem Fall des Eisernen Vorhangs gedeiht dort ein faszinierender europäischer Mikrokosmos → S. 84

Hochprozentiges aus Kräutern

Schnaps aus Blutwurz und Bärwurz ist im Bayerwald in der Hausapotheke genauso zu finden wie in der Hausbar. Er wird ausschließlich hier hergestellt, wenn Sie probieren wollen, nutzen Sie Chance – z. B. in der *Bärwurz-Quelle* in Bad Kötzting → S. 55

Artenvielfalt im Nationalpark

Rund 14 000 Tier- und Pflanzenarten leben im Nationalpark Bayerischer Wald. Einige davon sehen Sie bei einem Ausflug in das riesige *Tierfreigelände* (Foto) → S. 79

Eine Stadt voller Glaskunst

In *Frauenau* wurde schon vor Jahrhunderten Glas gemacht, und zwei berühmte Hütten gibt es hier noch immer. Wie jung und lebendig dieser Industriezweig bei allem Traditionsbewusstein sein kann, zeigt das Glasmuseum, das selbst ein Kunstwerk ist → S. 84

Ausblick über alle Wipfel

Einen nahezu grenzenlosen Blick über den Bayerischen Wald bis zu den Alpen genießen Sie auf dem *Baumwipfelpfad* mit seinem eiförmigen Aussichtsturm im Nationalparkzentrum Lusen bei Neuschönau → S. 79

Wenn Hexen ausreiten

Verwinkelt, vergrößert und sehr gut erhalten: *Schloss Egg* ist ein alter Zeuge der politischen Kämpfe im einstigen Königreich Bayern. Erleben Sie die Filmkulisse von „Bibi Blocksberg" und „Fünf Freunde" hautnah. Im noch erhaltenen Folterkeller lernen Sie dann das Gruseln → S. 42

Mit der Kutsche durch die Landschaft

Anekdoten über Wald und Menschen kennt die Familie Weinberger vom *Rosserer Wirt* in Bodenmais zu genüge. Zu hören kriegen Sie sie auf einer Kutschfahrt zu den schönsten Flecken an blühenden Wiesen vorbei im Sommer oder vereisten Flüssen im Winter → S. 39

TYPISCH

BEST OF ...

SCHÖN, AUCH WENN ES REGNET

Aktivitäten, die Laune machen

Wanderfahrt in der Bummelbahn

Zwischen Viechtach und Gotteszell rattert die *Wanderbahn* durch das romantische Tal des Schwarzen Regens. Wenn Sie an einem trüben Tag die wilde Schönheit der Natur faulenzend vom Zug aus betrachten, ist das Wetter egal → S. 112

Entdeckungen unter Tage

Verkriechen Sie sich bei Regen einfach unter die Erde! Wandern Sie tief hinab zu Grundwasserseen und zurück in die Vergangenheit des Bergbaus im Herzen des Silberbergs – im *Historischen Besucherbergwerk* von Bodenmais → S. 38

Dufte Regenpause

Wird es draußen ungemütlich, ist es im Café *Kirmse* in Zwiesel umso heimeliger. Der Kaffee wird von den Baristas frisch aufgebrüht, das kann schon mal ein paar Minuten dauern. Wer aber sowieso mehr Zeit hat, lernt in einem dreistündigen Kurs professionell Kaffee zuzubereiten, lässt sich durch Rösterei und Museum führen → S. 82

REGEN

Natur unterm Dach

Die Welt des Nationalparks lässt sich auch bei schlechtem Wetter entdecken. Das *Hans-Eisenmann-Haus* bietet Dauerausstellungen und eine Bibliothek. Zum Schmökern können Sie sich in die Lesegalerie des Cafés mit herrlichem Panoramablick zurückziehen (Foto) → S. 79

Geistliches Leben und geistliche Getränke

Die Klosteranlage *Aldersbach* dokumentiert die einstige Bedeutung der Mönche und ihre Braukunst. Auf einer Führung lernen Sie auch die Bierherstellung kennen – eine frische Stüberlmass ist inbegriffen → S. 67

Erlebnisausstellung am Flusskraftwerk

Als Stein gewordene Welle empfängt Sie das *Haus am Strom*. Bei Wassermusik und Donaukino vergessen Sie die Regenwolken → S. 67

ENTSPANNT ZURÜCKLEHNEN

Durchatmen, genießen und verwöhnen lassen

ENTSPANNT

Sightseeing mit Wellengang

Passau können Sie sich zu Fuß ansehen – oder ganz relaxed vom Schiff aus kennenlernen. Eine bequemere Stadtführung als die *Dreiflüsse-Stadtrundfahrt* gibt es wohl nicht → S. 61

Romantisches Fassdinner

Im *Hotel Gottinger* sitzen Sie in trauter Zweisamkeit im ausgebauten Weinfass und dinieren wie ein Waldkönig und seine Prinzessin mitten in Waldkirchen → S. 70

Ein Abend in fremden Galaxien

Lehnen Sie sich zurück, legen Sie den Kopf in den Nacken und genießen Sie unendliche Weiten. Auf der Sternwarte Rossberg bei Chamerau tauchen Sie ins Universum ein – und vergessen alle irdischen Sorgen → S. 37

Türkisches Dampfbad

Orientalisch chillen heißt das Motto im Hamam der *Wohlfühltherme* in Bad Griesbach. Die mindestens fünf Phasen des Dampfbad- und Badeerlebnisses bedeuten gut drei Stunden Erholung. Und wer will, bucht noch eine Algenpackung und eine Massage dazu (Foto) → S. 67

Picknick am See

Der Korb steht fertig gepackt bereit, die Decke ist schön gefaltet und die Flasche Wein auch schon kalt gestellt: Besser vorbereiten kann man ein Picknick nicht als es die Familie Seidl-Tauer vom Seehof Tauer in Tittling tut. Ihnen bleibt dann nur noch überlassen, Ihr eigenes idyllisches Plätzchen zum Entspannen am *Dreiburgensee* zu wählen → S. 72

Ferienwohnung luxuriös

Ein schwebendes Doppelbett oder ein Wasserfall im Wohnraum: In den drei Häusern des *Altenstein-Resorts* sorgen außergewöhnliche Einrichtungsideen ebenso für Erholung wie private Saunen und Whirlpools → S. 55

AUFTAKT

ENTDECKEN SIE DEN BAYERISCHEN WALD!

Der südöstlichste Teil Bayerns hält unter dem Grünen Dach Europas eine einladende Urlaubsregion mit faszinierenden Gegensätzen bereit. Im größten Waldgebiet des Kontinents, wo die ***Nationalparks*** Bayerischer Wald und Šumava liegen, warten Natur- und Kulturschätze darauf, entdeckt zu werden. Dazu zählen die unergründlich tiefen, stillen Wälder, die wilden Schluchten und Bachläufe, die Sommerweiden und die geheimnisvollen Hochmoore. Die 200 Mio. Jahre alten Gipfel sind heute ein behutsam erschlossenes ***Wanderparadies***. Ein Netz aus Wegen und Naturpfaden durchzieht die Region, 300 km allein auf deutschem Nationalparkgebiet, dazu kommen die 660 km des Goldsteigs.

Einfach war das Leben nie in diesem rauen, erst im Mittelalter von Benediktinern zivilisierten und missionierten Landstrich. 2008 wurde einmal mehr alles anders. Seit die letzten Schlagbäume entlang der 356 km langen Grenze zur Tschechischen Republik gefallen sind, beobachten Politiker und Naturschützer gespannt, wie die grenzenlose Freiheit ihrer ***Dreiländerregion*** bekommt. Heute trennen Waldwirtschaftsphilosophien statt der Schlagbäume die Menschen: Naturschutz gegen Erschließung – wo immer sich da etwas tut, gibt es einen Aufschrei der jeweiligen Gegner.

Bild: Kleine Ohe im Nationalpark Bayerischer Wald bei Waldhäuser

Früher eins der drei Zentren der Region: Kloster St. Emmeram in Regensburg

Die älteren ***Waidler***, wie sich die Einheimischen nennen, kannten ihn noch, den ungeteilten Böhmerwald. Lange konnten sie nur schwelgerisch von früher träumen, vom praktischen Miteinander der Nationalitäten, der Menschen beiderseits des trennenden Eisernen Vorhangs.

Ihre Väter und Großväter haben die Region zu dem gemacht, was sie ist. Sie trotzten der Natur die Ländereien ab, kultivierten sie durch Rodungen. Diese Sturheit ist ihnen ebenso geblieben wie die katholische ***Frömmigkeit***, die sich in prachtvollen Brauchtumsveranstaltungen, aber auch im Alltag offenbart. Typisch für die Menschen ist eine eher zupackende als beredte Art. Selbst die sprachlich nicht allzu exotischen Oberbayern gelten zunächst als „Fremde", wie etwa die Studierenden an den Unis in Passau und Regensburg. Aber wenn eine Waidlerfamilie jemanden erst einmal respektiert, hat er Freunde fürs Leben gefunden.

Um 500 v. Chr.
Kelten wandern ein. Erste stadtähnliche Siedlungen

Um 15 n. Chr.
Donau und Limes werden Nordgrenze des Römischen Reichs

5./6. Jh.
Zerfall der Römerherrschaft, Christianisierung

8. Jh.
Kolonisierung durch Benediktinerklöster in Metten und Niederaltaich

907–55
Ungarn fallen ein, Schlacht auf dem Lechfeld

12.–14. Jh.
Gründung von Orten wie Cham, Kötzting, Grafenau

In der Mitte des Bayerischen Walds wirkten einst die Mönche aus Niederaltaich und Metten. Den Oberen Wald übernahm das Regensburger Kloster St. Emmeram, den Unteren beherrschte fast 800 Jahre lang das Fürstbistum Passau. Burgen entlang der mäandernden Ilz schützten die Grenzen des Hochstifts und seine Handelswege. Diese sogenannten **Goldenen Steige** nach Bergreichenstein, Winterberg und Prachatitz waren bis in die frühe Neuzeit die einzigen Zivilisationsspuren im Hinteren Wald. Auch die Wittelsbacher im 13. Jh. vermochten ihn nicht zu erschließen.

Etwa um diese Zeit ließen sich die ersten **Glasmacher** nieder, fanden Quarz und Holz für Pottasche und Brennöfen im Überfluss. Pferdefuhrwerke brachten die grünen Fenstergläser und Trinkgefäße nach Wien, Warschau und bis nach St. Petersburg. In das grenznahe Gebiet um den Dreisessel und den Haidel arbeiteten die Siedler sich erst Anfang des 19. Jhs. vor. Es ist nur etwa ein halbes Jahrhundert her, dass die Bewohner von Leopoldsreut vor den strengen, schneereichen Wintern der Gegend kapitulierten und ihre Höfe verließen. Das Umland von Breitenberg im Südosten heißt zwar Neue Welt. Doch das liegt nicht daran, dass es spät besiedelt wurde. Vielmehr war das Gebiet lange an die österreichische Herrschaft Rannariedl verpfändet und kam erst spät ans Abteiland zurück. Erste Siedler drangen auch dort ab dem 13. Jh. vor. Gänzlich unbeeindruckt vom Wandel der Zeiten zeigt sich zwischen Cham und Oberösterreich der Pfahl, ein 140 km langes Quarzriff, das

Typisch für die Menschen hier ist ihre zupackende Art

17. Jh. Der 30-jährige Krieg verwüstet die Region Niederbayern

1803 Säkularisation. Der Staat kassiert alle Klöster und das Hochstift Passau

1806 Bayern wird zum Königreich erhoben und kämpft neben Napoleon gegen Österreich

1870/71 Deutsch-französischer Krieg, Bayern tritt dem Deutschen Reich bei

1918 Ludwig III. wird abgesetzt und der republikanische Freistaat Bayern wird ausgerufen

die Einheimischen „Teufelsmauer" nennen. Am deutlichsten tritt er bei Viechtach und bei der Regener Burgruine Weißenstein zutage.

Harmonisch eingebunden in die vielgesichtige Landschaft ist das Kontrastprogramm zum Naturerlebnis: Kirchen, Kulturtempel und Kunsthandwerk, Kurse von Bauernbrot backen bis Volkstanz füllen mühelos eine eigene Entdeckungsreise. Sehenswert sind die 2000 Jahre alten ***Bischofsstädte Regensburg und Passau***. Die historische Schönheit Regensburgs ist lebendig wie nie, seit die Stadt 2006 Unesco-Weltkulturerbe wurde. Kopflastigkeit verhindern in der Region flächendeckend Wellness- und Sportangebote sowie Abstecher in das bodenständige Wirtshaus neben der Kirche, einen Biergarten oder ein Restaurant mit regionaler Küche.

Knapp 2 Mio. Gäste jährlich können nicht irren – der Bayerische Wald ist zu jeder Jahreszeit eine Reise wert: Der Frühling bietet in den Hochlagen noch Schnee, wenn in den Tälern schon die Obstbäume blühen. Wer auch nur einmal nach einem Hitzegewitter von einer Anhöhe auf den ***Fleckerlteppich kraftstrotzender Wälder*** und frisch gewaschener Dörfer blickt, die im satt orangefarbenen Licht der Abendsonne liegen, der wird den Sommer im Bayerischen Wald nie vergessen. Der farbenprächtige, intensive Herbst kann noch viele milde Tage bringen. Man braucht sich nur zu gedulden, bis die schon recht morgenmuffelige Sonne den Dunst aus den Tälern und Donauniederungen weggefrühstückt hat. Im Winter ist Einmummeln angesagt, der „Böhmische", ein eiskalter Ostwind, führt das Regiment. Jetzt glänzt die Region auch wegen der weißen Glitzerpracht ihrer tief verschneiten Wälder und Felder: Modernste Pisten- und Loipengebiete mit Ausrüstungsverleih ermöglichen ***Wintersportvergnügen*** satt.

Der Bayerische Wald ist zu jeder Jahreszeit eine Reise wert

Freilich blieb auch der malerische *Woid* nicht von ***Umweltproblemen*** verschont – der Lusengipfel bietet seit Sturm „Kyrill" mit einer von Borkenkäfer und saurem Regen zusätzlich gezeichneten Baumskelett-Bergwelt einen irritierenden Anblick. Obwohl die Naturverjüngung unübersehbar ist, halten Nationalparkgegner weiter 4000 ha Hochlagenwald für an den Borkenkäfer verschwendet. Sie wettern mit dem Schlagwort „Waldvernichtung" gegen den Leitsatz, Natur Natur sein zu lassen und gegen

1970
Das Gebiet um Rachel und Lusen wird Nationalpark

1989–91
Nach dem Zerfall des Ostblocks werden die Grenzen zu Tschechien geöffnet

2013
Flutkatastrophe: Am 3. Juni steigt die Donau unerwartet auf Rekordhöhe

2016
Dauerregen überschwemmt das Rottal. Sieben Menschen sterben

2017
Der Borkenkäfer wütet so schlimm wie nie in Bayern und verwandelt auch im Nationalpark viele Fichten in Totholz

Auszeit im Schatten historischer Architektur am Residenzplatz in Passau

Pläne, den Nationalpark stückchenweise zu erweitern. Diese Einstellung sorgt auch im Tal für Zoff – wo es lange um den Donauausbau ging und die Erweiterung auf dem letzten Teilstück weiterhin heftig diskutiert wird und sich stetig verzögert. Und in Untergriesbach kämpfen die Einheimischen gegen einen Stausee, der Anlieger vertreiben, ein Naturschutzgebiet zerstören, zugleich aber alternative Energie liefern kann.

Zwar mauserte der Untere Bayerische Wald sich mit starken Dienstleistern zur ***Aufsteigerregion***. Doch die Grenzöffnung bringt der mittelständischen Wirtschaft nicht nur Segen. Neue Strategien will der Tourismusverband Ostbayern unter dem Motto „Der Bayerische Wald – erfrischend natürlich" erproben. Recht unabhängig davon setzen die Landwirte schon seit Langem auf Qualität und Direktvermarktung – das hat auch für die Urlauber köstliche Folgen.

Landwirte setzen auf Qualität und Direktvermarktung

Vergessen Sie also alles, was Sie über das einstige Armenhaus Bayerns und seine vermeintlichen Hinterwäldler gehört haben. Ursprüngliche, teils ganz und gar unberührte Natur und heimatverbundene, verträgliche, unaufdringliche Menschen erwarten Sie hier. Bei Städtern ist die Provinz als Sommerfrische beliebter denn je. Lassen Sie sich ein auf einen Landstrich, in dem sich Modernität und liebenswerte Schrulligkeit die Waage halten, wie es so kein zweites Mal in Deutschland zu erleben ist.

IM TREND

1 Wilde Hopfenhoibe

Bier Der Craft-Beer-Trend setzt sich durch, die kleinen Brauereien brauen G'schmackig-Verrücktes im Sudkessel mit Frucht-, Schoko- oder Karamellnote. Streng nach Bayerischem Reinheitsgebot (Gerste, Malz, Wasser) ist das nicht, aber dafür gefragt – und Sondereditionen wie der „Hopfenklang" von *Lang Bräu* in Freyung schnell ausverkauft. *Apostelbräu* in Hauzenberg experimentiert schon seit Jahrzehnten mit Dinkel und *Weißbräu* in Kößlarn braut naturtrübes Weißbier. *www.bierkulturregion.de*

2 Lauftreff extrem

Sport Über Stock und Stein, über Wurzel und Wiese: Zwischen Furth und Bodenmais sind die Extremläufer los und legen querfeldein bei „Ultra Trails" mal eben 2600 Höhenmeter zurück. Wo früher gemütlich gewandert wurde, trainieren heute halbe Ortschaften für den Lauf bergauf, überwinden Hindernisse und den eigenen Schweinehund. Neben Kondition sind Balance und Konzentration gefragt – Wurzeln können tückisch sein. Nur die Harten kommen ins Ziel am Arbersee *(www.arberlandultratrail.de)* oder im Lamer Winkel *(www.utlw.de)*.

3 Saubere Sache

Natur Gegen das Littering haben sich Studenten bei „Unsere Donau" verbündet und räumen abends die Ufer auf. Wer unter #ScheeZamRamma seine Erfolge gegen Umweltsünden postet, kann sich viele Likes als Lob abholen. Dass den Waidlern ihre Umwelt am Herzen liegt, zeigen weitere Projekte in Regensburg, Straubing und Passau. Dort werden öffentliche Gemüsegärten angelegt, um das Gespür für die Natur zu schärfen. Besonders schön sind die Regensburger Urban-Gardening-Projekte auf dem Prüfeninger Autobahntunnel und dem Campus.

Im Bayerischen Wald gibt es viel Neues zu entdecken. Das Spannendste auf diesen Seiten

4

Wilde Waldwellness

Anders baden Immer schön trocken bleiben. Sogar beim Baden. Frei nach dem Motto: Wildnis statt Wellness laufen Einheimische bewusst durch die Natur, auch mal barfuß über Waldwege, machen Yoga auf der Wiese, baden im Heu. Die japanische Heilmethode des Waldbadens boomt in der Region. Mehr als das Bewusstsein dafür und den temporären Abschied von Handy und Zivilisation braucht es nicht. Alleine und barfuß wandern Sie auf der *Barfußrunde* in Bad Griesbach. Wer sich anleiten lassen will, findet Kurzführungen oder Angebote wie Wiesenyoga in Hotels wie dem *Bodenmaiser Hof* in Bodenmais, *Ranzinger Hof* in Waldkirchen, *dem Birkenhof* in Grafenwiesen bei Kötzting oder dem *Lindenwirt* in Drachselsried. Das Hotel *Riedlberg* am Großen Arber bietet darüber Wellness mit Birkenstabmassage, Nordic-Wald-Walking und Waldbaden.

5

Fesche Sprüche

Mode „Du Gloifl!" „Einelitern, asselitern" – bayerischer Humor ist, wenn man als Nordlicht nix versteht. Das schafft Identität und das Gefühl von Heimat ist grad bei den Jungen wieder schwer im Kommen. Die Firma *Du Hirsch (duhirsch.de)* aus Regensburg druckt lustige Sprüche auf Shirts und Krüge. Etwas einfacher zu verstehen: „Everyday I'm Gschaftelin'" oder „Der Bazi" im Stil des Paten mit dem Konterfei von Franz Josef Strauß vom Label *Feierwear (feierwear.de)*. Löwe, Rhino und Krokodil in Lederhose setzt *Zoo Bavaria (www.zoo-bavaria.com, Foto)* auf Shirts. In den Clubs in Regensburg sind die derzeit der Hingucker.

FAKTEN, MENSCHEN & NEWS

EINE SICHERE BANK

Der Waidler ist aus einem besonderen Holz geschnitzt. Dem des festen Glaubens mit dem er am liebsten auf der Bank sitzt. Ob die im Wirtshaus oder in der Kirche steht – herzlich egal. Der Bayer glaubt. An die CSU, an seine Heimat, an Gott. Über die Hälfte aller Bayern sind katholisch, Hochburg ist der Landkreis Freyung-Grafenau mit einem Anteil von 88 Prozent. Katholisch-fromm ist also mehr als ein Klischee: Ein Kreuz an der Halskette, ein schnelles Bekreuzigen vor der Madonna oder eine Münze mit dem Heiligen Christopherus am Armaturenbrett, dem Schutzheiligen der Autofahrer, sind üblich. Glaube wird gelebt und an die nächste Generation zumindest als Brauch weitergegeben: beim Kellberger Leonhardi-Ritt genauso wie bei der Pfingstprozession auf dem Bogenberg oder beim Schwingen der ratternden Holzratschen am Karfreitag, wenn die Kirchenglocken schweigen. Selbst der Aberglaube gehört zu Ost- und Niederbayern. So ziehen viele immer noch den Hut vor einem Hollerstrauch, in dem gute Geister leben sollen – und die möchte man ehren, nicht verärgern. Die allzu weltliche Anbetung findet seit 1953 in Passau beim Politischen Aschermittwoch statt. Politiker duellieren sich mit Reden, der vielleicht größte Stammtisch der Welt beklatscht dann frenetisch den jeweiligen Ministerpräsidenten. Wie der Kabarettist Bruno Jonas – gebürtiger Passauer – sagt: „Aus dem Glauben kann man nicht austreten." Zumindest

Bild: Kühe im Nationalparkgebiet

Vom größten Stammtisch der Welt, wilden Tieren und bayerischem Poker: eine kleine Einführung in die Besonderheiten der Region

in Nieder- und Ostbayern ist der Glaube eine sichere Bank.

VOLLE KUHKRAFT VORAUS

Echter Mist. Und zwar säckeweise. Darauf stehen die Forscher. Denn in den bayerischen Kühen steckt mehr als Milch. Frei nach dem Werbemotto „Der Dung macht's" forschen Experten nach der Kraft im Kuhfladen, um daraus Energie zu gewinnen. Erste Versuche zeigen: Eine Kuh sondert in einem Jahr so viele Kilowatt ab, dass man damit 1000 Mal eine Waschmaschine betreiben könnte. Saubere Sache also, so ein Kuhfladen. Der Ansatz ist nur einer von vielen, die im Straubinger Kompetenzzentrum für nachwachsende Rohstoffe durchdacht werden. Hauptsache umdenken, Hauptsache grün denken. Darin ist der Wald schon jetzt Vorreiter: Solarpanels finden sich flächendeckend auf den Dächern und während man in deutschen Großstädten Ladestationen für das Elektroauto vergeblich sucht, hat die Ferienregion

Eichel, Gras, Herz und Schellen – das Kartenblatt ist beim Watten und Schafkopf das gleiche

binnen fünf Jahren 175 E-Zapfsäulen aufgestellt. Etwa 200 Elektroleihautos düsen umher, können an 100 Carsharing-Stationen gemietet werden, zum Beispiel in Zwiesel, Langdorf, Frauenau, St. Oswald und Hohenau, bis 2020 auch in Regen, Passau, Straubing, Deggendorf, Freyung und Cham. Wer dazu als Urlauber mit dem Zug kommt, wird belohnt: Das E-Mobil gibt es um zehn Prozent günstiger, Aufladen ist gratis.

VEJDA OIDA

Während ganz Deutschland über „Vong" spricht, einen Sprachstil, der sich nicht an die offizielle Schreibweise und Grammatik hält, vongen die Einheimischen rund um Viechtach und Waldkirchen eigentlich schon immer. Hier nennt man das eben nur: Boarisch. Also: Bairisch. So ist Viechtach bei der Jugend längst schon zu „Vejda", Waldkirchen liebevoll zu „WaKi" geworden. Dialekt war immer stark und dient auch dazu, sich von den Städtern in Oberbayern, also den Münchnern, abzugrenzen, die sowieso für die Waidler gar nicht so ganz echte Bayern sind. In der Landeshauptstadt versteht sie keiner, wenn sie untereinander reden. „Grißerna", „Brautera" oder auch „Zniefe" – also: „Grüße Sie", „der Bräutigam" und „Kümmerling". Klar, oder? Nicht? Gut! Denn Sie sollten als „Zuagroaster", als „Zugezogener", überhaupt nicht erst probieren, den Dialekt mit seinen Doppelvokalen und lang gezogenen, leicht nasal-knarzenden Lauten nachzuahmen. Es geht schief. Versprochen. Nur eine Sache können Sie probieren: „Grüß Gott" sagen statt: „Guten Tag". Da werden Sie zwar keinen Eindruck mit schinden, aber fallen wenigstens nicht auf.

MAL SCHNELL DIE WELT VERÄNDERN

Der Bayer lässt die Kirche gerne im Dorf. Dafür schnappen sich die meisten Nieder- und Ostbayern irgendwann ihren Rucksack und ziehen hinaus in die weite Welt.

Manche kommen nur bis München. Wie Uschi Glas, die aus Landau stammt und heute sogar Botschafterin Niederbayerns ist. Oder Florian Silbereisen aus Tiefenbach vor Passau. Der hat es aus dem Wald in den Schlagerhimmel geschafft. Hoch hinaus aus Freyung ging es für Skispringer Severin Freund, für Sepp Maier aus Metten sogar bis in den Fußballolymp. Das Hinausziehen in die Welt, um andere in Erstaunen zu versetzen, hat in diesem Landstrich lange Tradition: 1534 bereits zog der Straubinger Bürgermeistersohn Ulrich Schmiedl bis nach Argentinien. Und mitbegründete mal rasch die Hauptstadt Buenos Aires. 20 Jahre hielt er es in Südamerika aus, kehrte schließlich heim. Auch das ist typisch für die Waidler. Sie sind tief verwurzelt und vergessen nie woher sie kommen. So wie Kabarettist Ottfried Fischer. Nach einem halben Leben im Münchner Exil ist er jetzt wieder zurück nach Passau gezogen. Weil die große Welt eben nicht so schön ist wie der Wald.

KÜSSE FÜR DEN KÖNIG

Sehen Sie im Wirtshaus gestandene Mannsbilder, die sich Kussmünder zuwerfen, nicht wundern. Hier wird ein alter Brauch gepflegt: der des Kartenspiels Watten. Zwei gegen zwei wird gespielt und eigentlich geht es immer darum, wer die nächste Runde Bier zahlt. Watten spielt man mit altdeutschen Karten, der höchste Trumpf ist der Maxe, der Herzkönig. Aber auch die Welle, die Schellen-7 und der Spitz, die Eichel-7, sind super. Hat einer einen Maxe auf der Hand, schürzt er die Lippen zum Kussmund, um seinem Gegenüber zu sagen: Du, ich hab hier was, wir gewinnen. „Andeuten" nennen das Profis. Wer einmal diese furiose Mimik gesehen hat, die bayerische Kartenspieler beim Watten an den Tag legen, weiß: Ausgebildete Schauspieler könnten hier noch was lernen. Anders übrigens beim zweiten traditionellen Kartenspiel, dem Schafkopfen: Bierernst geht es da zu. Höchste Konzentration, so gut wie keine Regung im Gesicht und gespielt wird auch nicht um Bier. Sondern um Bares.

GOLDIGE FRÜHSTÜCKSFLOCKE

Die leidige Frage, ob mit Rosinen oder ohne, hat schon manches Paar über der Müslischale entzweit. Die Lösung für den perfekten Flockenmix kommt seit 2007 aus Passau. Dort hatten die drei Studenten Philipp Kraiss, Max Wittrock und Hubertus Bessau die Idee, dass jeder sein Müsli im Internet selbst zusammenstellen können soll. Mymuesli ist seitdem eine deutschlandweite Erfolgsgeschichte – und der Beweis, dass man auch im Bayerischen Wald durchaus innovativ, hip und weltoffen denkt. Ob man dann lieber Haferflocken, Crunch oder Dinkelpops mit Cranberries, Schokostückchen oder Bananenchips mischt, alles ist möglich. Inzwischen beschäftigt Mymuesli über 800 Mitarbeiter und macht jährlich einen zweistelligen Millionenumsatz. Produziert wird immer noch in Passau.

TRADITIONELL ERFOLGREICH

Sollten Ihnen ein paar Scheichs begegnen: die sind auf dem Weg zu Messerschmied *Stefan Tremml (www.stefan-tremml-messer.de)* in Arnbruck bei Drachselsried. Seine scharfen Klingen verkauft er bis nach Abu Dhabi, Costa Rica, Namibia und Australien. Das Stück kostet 70 Euro, der Preis kann sich aber auf bis zu 25 000 Euro, dann natürlich mit Edelsteinen, läppern. Der Schmied ist nicht der einzige, der einem alten Handwerk neue Impulse gibt: *Michael Kilger (www.mk-ledermanufaktur.de)* fertigt in Viechtach aus Lederresten Geldbeutel und Gürtel. Er verwendet keine Chemie in seiner Ledermanufaktur, jedes Stück ist ein Waldunikat. Mit Holz arbeitet *Evelyn Kroiß (www.mymiu.de)* aus Bischofsmais. Sie nutzt Vollholz aus dem Bayerischen Wald und fertig daraus Kratzbäume für Katzen, die Designpreise gewinnen. Wie viel Arbeit im Handwerk tatsächlich steckt, können Sie in Bad Kötzting ausprobieren. Bei den Jungs von *Bayerwald Ski (www.bayerwald-ski.de)* bauen Sie Ihr eigenes Snowboard oder eigene Skier. Natürlich können Sie auch eine Maßanfertigung in Auftrag geben.

KERNIG-LIEBEVOLLE ERINNERUNG

Der Waidler ist ein harter Brocken. Doch wie das meist so ist, irgendwo schlummert eine sanfte, fast schon nostalgische Seite. Vielerorts im Bayerischen Wald stehen hölzerne Gedenktafeln für liebe Verstorbene, damit die Erinnerung an sie nicht verblasst. Diese Totenbretter werden u. a. nahe bei Friedhöfen oder Kapellen aufgestellt und oft sind derbheitere Sprüche eingraviert. „Der Vater in die Sense trat, das hat ihm den Tod herbei gebracht, ein Vierteljahr musst er schwer leiden, bis er konnt verscheiden". Oder: „Sie starb, als sie 15 Jahr und schon zu gebrauchen war" Oder: „Hier ruht Frau Barbara Gschwendtner, sie wog dreieinhalb Zentner. Der Herr geb' ihr in der Ewigkeit nach ihrem G'wicht die Seligkeit". Die Bretter waren bis zum 19. Jh. die Vorstufe zum Sarg: Man nähte den Toten in sein Leinentuch, bahrte ihn bis zum Begräbnis auf dem Brett in der Stube auf und trug ihn darauf zum Grab, ließ die Leiche in die Erde rutschen und legte das Brett obenauf, damit der Tote beim Zuschaufeln nicht verletzt wurde. Als Särge aufkamen, wurde das Totenbrett überflüssig. Wegwerfen wollte man es nicht mehr, aber benutzen ... nun ja, auch nicht mehr. So schuf man daraus hölzerne Andenken. In Teisnach, Drachselsried, bei Lalling, Roding oder um Falkenstein finden Sie die Totenbretter noch häufig. In vielen Lokalzeitungen heißt die Rubrik der Nachrufe bis heute „Totenbrett". Nur, dass die Sprüche nicht so markig-ungelenk sind.

FÜR EINEN HUT VOLL GOLD

Der Hang zu Nostalgie und Heimat erlebt ein Hoch und junge Mädchen schließen sich den Goldhauben-Frauen an. In örtlichen Stickclubs organisieren sie sich um eine sogenannte Obfrau und nähen die traditionelle Kopfbedeckung aus dem 18. Jh. Die erste Darstellung einer Passauerin mit Goldhaube stammt wohl von 1790 und findet sich im *Oberhausmuseum* (S. 64). Von 1830 an war die edle Haube so etwas wie heute ein Designerschuh: Jede Städterin, die etwas auf sich hielt, trug eine – selbst, wenn man sich verschulden musste. Allein das Material kostet heute rund 1000 Euro. Bis zu 400 Handarbeitsstunden steckt jede Goldmarie in ihre Haube, die nach einem festgelegten Grundmuster mit Goldfaden, Perlen, Ornamenten und Flitter verziert wird. Wer es etwas günstiger mag: In Passau bietet die *Confiserie Simon (www.simon-passau.de)* die Häubchen als Pralinen zum Vernaschen an.

ROTKÄPPCHEN RELOADED

Am Ende ist er mal wieder der böse Wolf. So auch im Bayerischen Wald, wo er seit 2006 immer öfter einsam zwischen den Tannen gesehen wird, nachdem er seit 1874 als ausgerottet galt. Naturschützer sind erfreut, dass sich der Bestand erholt, Bauern, aber auch Tourismusvereinigungen nicht: gerissene Schafe, Kühe, die vor Angst zu Tode stürzen, Urlauber, die

Geben mit ihren Sprüchen mitunter viel vom Wesen der Verstorbenen preis: Totenbretter

vor Furcht gar nicht mehr anreisen – so die Befürchtungen, die sich bisher nicht bestätigen. Mit dem „Aktionsplan Wolf" überlegt die bayerische Regierung jetzt, das Tier zum Abschuss freizugeben. Das finden die Tierschützer nicht gut – die Gemüter sind erregt. Vom menschenfressenden Wolf wie bei Rotkäppchen kann hier keine Rede sein. Im Gegenteil: Er hinterlässt nur wenige Spuren. In Passau, der Stadt, die den Wolf als Wappentier führt, findet er sich nur am Rathaus als Stilisierung auf einem 500 Jahre alten Eisengitter. Wer genau hinschaut, sieht aber vieles andere Märchenhafte im Wald: Sümpfe, knorrige Bäume, übergroße Farne und fremde Beerensträucher. Der Wolf ist clever und versteckt sich gut. Dass es ihn gibt, beweisen nur die Fotofallen in Cham, Freyung und Regen. Falls Sie ein Wildtier entdecken – sei es Wolf, Bär oder Elch – sind zwar Vorsicht und Ruhe angesagt, aber keine Angst, Menschen interessieren die drei herzlich wenig.

IM DIENST DES BRÄTS

Wer zwischen den Waldbayern und seine Wurscht kommt, dem gnade Gott. Oder Bertl Fritz. Als amtierender „Bayerischer Weißwurst-Botschafter" darf er die Weißwurstkönigin wählen. Eine seiner ersten Amtshandlungen war, ein Weißwurstäquator-Denkmal in Zwiesel aufstellen zu lassen: der berüchtigte Weißwurstäquator verläuft mitten durch den Nationalpark. Fritz arbeitet ehrenamtlich, ganz im Dienst des Brät. Zu dessen Ehrenrettung erzählt er jedem, warum die Würste vom Metzger die einzig wahren sind. Dazu hat er das Rezept für den Königlichen Weißwurstsenf erfunden, der in Feinkostläden in Berlin verkauft wird. Klar, dass er auch ein wöchentliches Weißwurstseminar gibt (immer donnerstags in Bodenmais). Dort lernen die bisher Ungläubigen was ein Radlschneider, Kreuzschneider, ein Längsschneider und ein Zutzler ist. Wer danach nicht *in love* mit der Wurst ist, dem ist nimmer zu helfen.

ESSEN & TRINKEN

Was im Südosten Bayerns wie aufgetischt wurde, hing einst allein vom Wohlstand ab. Heute ist bewusste Ernährung als bestimmender Faktor hinzugekommen.

Im kargen *Woid* ließ man früher nichts verkommen, während sich bei den reichen Bauern in Gäuboden und Rottal die Tische schon werktags unter deftigen Mahlzeiten bogen. Das ist Vergangenheit. Die Region tischt kulinarisch interessant und vielseitig auf. Marktbedingt haben sich viele Bauern auf ***Qualitäts- und Bioprodukte*** spezialisiert. Zudem bringen stärkeres Ernährungsbewusstsein und wellnessbewegte Gourmets die Köche dazu, alte Rezepte neu zu entdecken.

Das Leibgericht der Einheimischen war und ist der Schweinsbraten mit Reiberknödln (Kartoffelklößen) und Kraut. Für einen gelungenen ***Braten*** ist weniger die Güte des servierten Fleischs entscheidend, sondern vielmehr die Qualität der mit viel aromatischem Gemüse, Dunkel- oder Weißbier und Brot zubereiteten Sauce. Lange Zeit galt dieses Essen als Fest- und Sonntagsmahl, konnten sich an Werktagen doch nur sehr wenige Bayerwaldler Fleisch leisten. So hat sich die gesamte Esskultur aus der Armut entwickelt. Man lebte von dem, was man selbst erwirtschaften konnte – mischte aus Getreide, Kartoffeln, Kraut, Obst, Eiern, Schmalz und Milchprodukten herzhafte und süße Speisen. Die Waldbauern und Holzarbeiter mussten oft mehrere Tage lang von mitgeführten Vorräten leben. Daraus mögen sich dann die vielen

Bild: Schweinebraten

Wie der Semmelschmarrn zu Rum, braunem Zucker und Biolimetten kommt: Sterneköche plündern begeistert Omas Rezepthefterl

Pfandlgerichte entwickelt haben, jedes ein schmackhaftes Sammelsurium auf der Basis von angebratenen Kartoffel- oder Knödelscheiben.

Nach und nach bereicherten dann auch böhmische und österreichische Variationen den Speiseplan. Seither ist ***Schmarrn*** auch nicht mehr nur das bairische Pendant zur hochdeutschen Vokabel Käse (für Unsinn). Vielmehr sind damit heute in Speisekarten fantasievolle Süßspeisen gemeint. Darunter ist der Kaiserschmarrn, eine luftige Variante gerupfter Pfannkuchen, wohl die bekannteste und sehr österreichische Variante. Die meisten Schmarrngerichte wurden auf den kleinen gusseisernen Öfen in Berg- und Jägerhütten erfunden. Doch längst haben kochkundige Hüttenwirte und Gourmetküchenchefs die schlichten Sattmacher von einst in ihr Repertoire aufgenommen und teilweise zu exquisiten Gaumenfreuden weiterentwickelt. Heute gehören zu einem Semmelschmarrn, mit dem früher alte Brötchen dank Milch, Butter, Eiern, Zucker und Zimt schmackhaft verwertet

SPEZIALITÄTEN

SPEISEN

Auszogne – flache, ungefüllte Krapfen, die in Schmalz gebacken und mit Puderzucker bestreut gegessen werden (Foto li.)

Bauchstecherl – auch Baunkerl oder Fingernudeln genannt; in Fett ausgebackene Röllchen aus Kartoffelteig, werden deftig mit Sauerkraut oder süß mit Kompott verspeist

Bavesen – mit Pflaumenmus bestrichene Weißbrotsandwiches, in Schmalz gebacken und in Zimtzucker gewendet

Dampfnudeln – Hefeklöße, bisweilen gefüllt, die in einem Topf mit Deckel gleichzeitig von unten gebraten und gedämpft werden

Erdäpfelkas – Mus aus Kartoffeln, Sauerrahm, Zwiebeln, Salz, Pfeffer: ein herzhafter Brotaufstrich

Gröstl – Masse aus Kartoffeln oder Knödeln, mit Ei, Fleisch oder Wurst in der Pfanne gebraten

Gselchtes – geräucherter Schweinebauch oder -rücken, der in Lake mariniert wird

Hollerkiacherl – in Pfannkuchenteig getauchte Holunderblüten, in Fett ausgebacken

Kletzn – getrocknete Birnen; *Kletz'nbrot* besteht auch aus anderen Früchten

Leberkas – enthält weder Leber noch Käse, sondern wird aus Fleischbrät geformt

Leberknödel – Klöße aus Leber, Brötchen und Eiern

Obatzda – Käsecreme aus Camembert, Butter, Paprika und Zwiebeln (Foto re.)

Presssack – Sülzwurst

Reiberdatschi – Kartoffelpuffer, werden mit Kraut oder Apfelmus gegessen

Schlosserbuam – in Veltliner getränkte und mit einer Mandel gefüllte Trockenpflaumen, die in Teig getaucht und in Fett ausgebacken werden

Surfleisch – gekochter Schweinebauch, in Lake mariniert

GETRÄNKE

Hollerkracherl – sehr süßer Holundersirup mit Sprudel

Radler – helles Bier und Zitronenlimo

Russ' – Weißbier und Zitronenlimo

Zoigl – untergärige, ungefilterte und mit Holzfeuerung gebraute Bierspezialität der Oberpfalz

Zwicklbier – naturtrübes, weil ungefiltertes Bier

wurden, noch eine Vanilleschote, brauner Zucker und Rum. Statt simpler eingemachter Früchte dazu braucht es dann natürlich auch ein Kompott, das mit Biolimetten und Weißwein aufgekocht wurde. Feinschmecker sehen: Im Bayerischen Wald werden sie bestens versorgt. Nicht nur für die Meister der Haute Cuisine in den Sternerestaurants, sondern auch für die Köche in den bodenständigen Gastwirtschaften und den einfachen Schenken ist heute die vielseitige Zubereitung von ***Fleisch*** alltäglich. Regionaltypisch sind natürlich Wildgerichte und Biofleischzubereitungen; in der Gegend um Cham gibt es vor allem zarte Ochsen, um St. Englmar herum sind Lamm, Kalb und Schaf beliebt. Spezialität in St. Oswald-Riedlhütte ist eine Art Schweinegyros für Glasmacher, das Glosafleisch. Obwohl die Stadt Regen im Juli das Pichelsteinerfest begeht, stammt dieser Eintopf auf der Grundlage von Kartoffeln, Gemüse und drei Sorten Fleisch ursprünglich aus Grattersdorf. Erfunden hat ihn im Jahr 1874 die Wirtin Auguste Winkler, als auf dem Büchelstein ein großes Essen auszurichten war. Angeblich soll der würzige Eintopf dann durch seinen Fan Otto von Bismarck als Pickelsteiner oder Pichelsteiner auch im „preußischen Ausland" bekannt geworden sein. Deftige lokale Genüsse wie Kesselfleisch und Würste sind die Ergebnisse von Hausschlachtungen, die heute streng reglementiert und überwacht werden. Aber auch ***Fisch*** kommt dank der verbreiteten Angelleidenschaft und dem Artenreichtum in Bächen und Flüssen fangfrisch und unverfälscht zubereitet auf den Tisch.

Und wie sieht es mit den Getränken aus? Was zu jeder Mahlzeit passt, ist, natürlich, ein Bier aus einer der vielen regionalen ***Brauereien***. In Bayern wird der Gerstensaft seit fast 1000 Jahren hergestellt. Manche Brauereien haben sich ganz auf Weißbier (aus Weizen), andere auf untergäriges Dunkelbier spezialisiert. Nahezu jede von ihnen schenkt zur Fastenzeit ab Aschermittwoch und im Frühjahr ein Starkbier aus, dessen Name auf „-ator" endet. Dieses Doppelbock mit bis zu 12 Prozent Alkohol geht auf die Paulanermönche im 17. Jh. zurück, die in der Fastenzeit nur Flüssiges zu sich nehmen durften und das sättigende (und bis heute namensgeschützte) Salvator erfanden. Das Brennen von ***Obst- und Kräuterschnäpsen***, etwa in Spiegelau, Hauzenberg und Bodenmais, hat schon fast Museumswert. Seit 2010 wird im *Woid* sogar der Whisky Coillmór destilliert. Auch das Keltern von ***Wein*** hat hier eine lange Tradition, obwohl das Klima nicht optimal ist. Die Römer pflanzten einst die ersten Reben an den Donauhängen. In Bach und Kruckenberg, etwa 20 km süd-

Bier passt zu fast jeder Mahlzeit

östlich von Regensburg, wird bis heute Wein angebaut. Das Ergebnis ist mit dem der Nachbarn in der Wachau zu vergleichen. Die rare Ausbeute wird allerdings nur ungern und deshalb recht teuer in Weinstuben verkauft.

EINKAUFEN

Auf den Märkten, die in Städten wie Passau und Straubing, aber auch in kleineren Orten regelmäßig stattfinden, bekommen Sie viele gute Erzeugnisse aus dem Bayerischen Wald. Sie können sich mit Lebensmitteln versorgen oder auch dekorative Handwerksprodukte erwerben. Kunsthandwerk, Leder und Glas prägen auch die Auslagen in vielen Souvenirläden.

BLUTWURZ

Dieser mindestens 50-prozentige Kräuterschnaps wird nur hier im *Woid* aus den Wurzeln der Blutwurzpflanze gebrannt. Die Brennereien verkaufen ihn meist in mehreren Sorten und immer in unterschiedlich großen Steingutflaschen. Sie finden ihn aber auch im Einzelhandel mit gut sortiertem Spirituosenregal.

GLAS

Glas ist das typische Erzeugnis des Hinteren Walds, die Tradition der alten Waldhütten reicht zurück bis ins Mittelalter. Man findet in den Glashüttengemeinden schöne Unikate, vorteilhaft ist der Einkauf in den Manufakturen vor Ort. Zur Palette gehören mundgeblasene Gläser ebenso wie Schnupftabakflaschen oder Dekovasen.

LEBENSMITTEL

Viele Landwirtschaftsprodukte, ob Eier, Kräuter, Fleisch, Geflügel oder Obst und Gemüse, waren schon „bio", bevor man dieses Prädikat überhaupt kannte. Generell haben die Fleisch- und Wurstwaren aus der Region einen guten Ruf. Viele Anbieter verkaufen ihre Produkte in eigenen Hofläden und Metzgereistuben. Adressen erfahren Sie bei den Touristinformationen vor Ort.

STEINHANDWERK

Steine, besonders Granit, sind beliebte Materialien bei kreativen Kunsthandwerkern. Allerorts gibt es Läden, die Granitschmuck und steinerne Andenken verkaufen. Einer davon ist der Shop im *Granitzentrum Bayerischer Wald* in Hauzenberg (s. S. 73).

SÜSSE ANDENKEN

Regionale Köstlichkeiten wie Früchtebrot, feine Konditoreispezialitäten und nach Uromas alten Rezepten gebackene

Begehrtes Souvenir ist das wunderschöne Glashandwerk. Genauso verlockend: zuckersüße oder hochprozentige Erinnerungsstücke

Leckerl (Plätzchen) sind zwar nicht ganz so haltbar wie Glas und Stein, aber dafür umso verlockender. Falls Sie die Heimreise über Passau führt, finden Sie im *Café Simon (Rindermarkt 10, Filiale in der Stadtgalerie)* zum Aufessen fast zu schöne Schokoladenkreationen wie Goldhauben – nach dem traditionellen Trachtenkopfschmuck der Passauerinnen – oder zarte Scharfrichter-Pralinen mit dem Logo der Kabarettbühne. Ein bewährter Passauer Exportschlager ist auch der sensationelle Nusszopf des *Café Greindl (Wittgasse 8, Domplatz und Nibelungenplatz)*.

TRACHTENMODEN

Trachten und Kleidungsstücke aus Leder, Tücher und Tischdecken werden original im Bayerischen Wald gefertigt. Schöne Einkaufsmöglichkeiten gibt es u. a. in den Orten Lam, Cham, Waldkirchen und Obernzell. Gut und auch für „Preißn" tragbar sind Bundhosen aus Hirschleder.

TRÖDEL & ANTIQUITÄTEN

Originale Bauernmöbel und Gegenstände sakraler Kunst sind im Bayerischen Wald immer noch vielerorts zu finden. Seit die Öffnung der Grenze zur Tschechischen Republik günstigen Handel zulässt, sind die Geschäfte im Grenzgebiet wieder besser bestückt. Eine teure Rarität sind die *Přibramer Madonnen.* Die oft kindsgroßen Holzfiguren waren früher ein Mitbringsel von der Wallfahrt ins böhmische Přibram.

WEBTEXTILIEN

Webstoffe und Fleckerlteppiche (Flickenteppiche) werden in den traditionsreichen Handwebereien des Wegscheider Lands hergestellt. Die Produkte können Sie vor Ort in den Werksläden kaufen. Bei der Verarbeitung von Reinleinen, Halbleinen, Baumwolle und Wolle lassen sich die Weber an ihren klappernden Geräten auch über die Schultern schauen.

OBERER BAYERISCHER WALD

Der Regen ist auch bei Sonnenschein der rote Faden durch diese abwechslungsreiche, verwunschene Gegend – gemeint ist der 180 km lange Fluss.

Bayerisch Kanada wird die Region auch genannt, weil Sie sich hier wirklich wie weit, weit weg fühlen. Das Waldgebiet, das in den Gäuboden hinein zur Donau hin hügelig ausläuft, lag lange am Eisernen Vorhang und damit am Ende der Welt. Doch: Die Städtchen brezeln sich auf mit restaurierten Hotels, moderner Cross-over-Küche rund um Knödel und Wild. Vor allem Radfahrer, Wanderer, Kanuten und Langläufer kommen, um im Idyll den Adrenalinkick zu finden. In Regensburg, Straubing und Viechtach ist der Punk eingezogen: An spannenden Veranstaltungsorten wird gefeiert.

BAD KÖTZTING

(118 C3–4) *(🕮 H4)* **Die Kirchenburg ist der markante Blickfang der Gemeinde (7300 Ew.) direkt am Ufer des Flusses Weißer Regen.**

Bad Kötzting ist berühmt für den Pfingstritt, eine 600 Jahre alte Traditionsveranstaltung. Bis heute ziehen nur Männer mit Pferden bei der Bittprozession am Pfingstmontag nach Steinbühl – Frauen sind nach wie vor unerwünscht. Der Hufeisen-Wanderweg ab dem Busparkplatz Ludwigstraße folgt auf rund 17 km ihren Spuren. Ins Mittelalter zurück versetzt Sie ein Besuch in der Kirchen-

Von der Kornkammer Bayerns in die hohen Wälder des Naturparks: abwechslungsreiches Urlaubsland zwischen Regensburg und Lam

burg. Die Anlage mit Schloss, Pfarrkirche und Schießscharten in den umgebenden Befestigungsmauern war früher Sitz der Chostinger, heute ist sie religiöses Zentrum und Besuchermagnet Bad Kötztings.

SEHENSWERTES

ALTES RATHAUS

Interessant ist das barocke Alte Rathaus wegen seiner lateinischen Inschriften an der Fassade, seinem Schopfwalmdach sowie dem zweistöckigen Kuppelturm. Eine Augen- und Ohrenweide ist das Glocken- und Figurenspiel *(tgl. 11 Uhr)* mit Gestalten aus dem Pfingstritt.

GLÄSERNE SCHAUBRENNEREI

Dieser Whisky hat nicht nur Wumms, er ist auch goldprämiert: Wie aus Gerste der Bavarian Collimór wird, zeigt die Führung durch Mälzerei, Sudhaus, Gärraum der Destille. *Pfingstreiterstr. 5 | Eintritt 6 Euro | Anm. Tel. 09941 13 21 | www.brennerei-liebl.de*

Hoch zu Ross von Bad Kötzting nach Steinbühl: Pfingstritt

INSIDER TIPP WALLFAHRTSKIRCHE WEISSENREGEN

Wald, Wiesen, Wallfahrt: Von der Kirche Mariä Himmelfahrt ist der Ausblick einfach schön! Von der Altstadt gelangen Sie zu Fuß in einer halben Stunde quer durch den Kurpark und via Fischerlweg zum barocken Gotteshaus. Eindrucksvoll ist die Fischerkanzel: Ihre Verzierung zeigt Apostel, die mit Netzen vom sicheren Schiff, das die Kirche symbolisiert, fischen. Nebenan liegt der Berggasthof *Zur Klause (Nov.–Feb. Mo, Di, März–Okt. Mi geschl. | Tel. 09941 4019410 | www.klause-weissenregen.de | €). April–Sept. Sa–Do 9–19, Fr 9–17, Okt.–März tgl. 9–16 Uhr | www.wallfahrtskirche-weissenregen.de*

WOLFRAMSLINDE

Die über 1000 Jahre alte Linde im Ortsteil Ried hängt in den Seilen – und trotz der Stütze blüht sie jedes Jahr aufs Neue. Die Legende besagt, dass schon Minnesänger Wolfram von Eschenbach sich bei seinem Besuch auf Burg Haidstein von dem Baum inspirieren ließ. Alle paar Jahre wird der hohle, aber noch immer vitale Riese mit 13 m Stammumfang von einem Experten „frisiert".

ESSEN & TRINKEN/ ÜBERNACHTEN

AMBERGER HOF

Seit 1781 in Familienbesitz, wird das Haus mittlerweile in der achten Generation geführt. Auf der Speisekarte stehen regionale Spezialitäten. Es gibt ein rollstuhlgerechtes Hotelzimmer. *33 Zi. | Restaurant So-Abend und Mo geschl. | Zeltendorfer Weg 4 | Tel. 09941 9500 | www.amberger-hof.de* | €€

BAYERWALDHOF

Einfach mal *haki* sein: Die im Hotel angewandte neue Entspannungstechnik sorgt für einen freien Kopf. Dazu gibt es Yoga, Personal Training, jede Menge Wellnessangebote, einen Oldtimer-Shuttle und eine Reitschule. 6 km außerhalb. *59 Zi. | Liebenstein 25 | Tel. 09941 94800 | www.bayerwaldhof.de* | €€€

BIRKENHOF

Mystisch ist das Übernachten im Vier-Sterne-Spa mit ganzjährig beheiztem INSIDER TIPP Pool auf dem Dach. Elfen sind hier Programm und finden sich in Hotel und Gartenreich mit Chakra-Weg und Keltischem Baumkreis. *75 Zi. | Auf der Rast 7, Grafenwiesen | Tel. 09941 4 00 40 | www.hotel-birkenhof.de | €€€*

WIRTSHAUS OSL

Rindfleisch in Reinkultur: Familie Koller züchtet die Tiere noch selbst. *Dry-aged, medium rare* und butterzart kommen sie als Steak auf die Teller. *Di, Mi und Do-Mittag geschl. | Marktstr. 32 | Tel. 09941 10 45 | www.wirtshaus-osl.de | €€*

FREIZEIT & SPORT

AQACUR

Vom Bierbad bis zur Banja-Zeremonie, von der Dreifachrutsche bis zur Sommernachtssauna – hat es mit Wasser oder Entspannung zu tun, hier findet's statt. *Mo 13–22, Di–Do 11–22, Fr 11–24, Sa, So 10–22 Uhr | Tageskarte 7,30 Euro | Bürgerm.-Seidl-Platz 1 | www.aqacur.de*

BOGENSCHIESSEN

Das Loslassen lernen, zur Ruhe kommen, aus dem Bauch agieren – das will Bogenmeister Jojo Heehler beim Üben mit Pfeil und Bogen vermitteln. Der 3D-Parcours ist einer der wenigen im Wald, selbst Anfänger erzielen schnelle Erfolge. *Fr, Sa, So nach Anm. | Tageskurs 75 Euro | www.bogenschiessen-lernen.jimdo.com*

AM ABEND

BAHNHOF KOETZTING

Im alten Bahnhofsgebäude *(Bahnhofstr. 19 | Infos via www.altesspital.com)* soll bald eine neue Event-Location entstehen. Bis zur Genehmigung dauert's – die Ortsansässigen zieht es solange in die Clubs *UG1 (Sa ab 22.30 Uhr | Pfingstreiterstr. 28 | www.ug1-club.de)* oder *The Horse Town Club (Do–Sa ab 19.30 Uhr | Marktstr. 28 | www.horsetown.de).*

SPIELBANK

Auf 3000 m^2 versuchen hier auch Kabarettisten und Musiker ihr Glück – auf der Bühne. Programm auf *www.spielbanken-bayern.de. Tgl. 15–2 Uhr | Untere Au 2*

MARCO POLO HIGHLIGHTS

★ **Großer Arber**
Hier gehen Sie hoch über allem spazieren → S. 40

★ **Rieslochfälle**
Die größten Wasserfälle im Bayerischen Wald bieten ein eindrucksvolles Schauspiel → S. 41

★ **Klosterbibliothek Metten**
Herkulesfiguren tragen das alte Gewölbe – bei der barocken Pracht scheint das angemessen → S. 43

★ **St. Emmeram**
Festspiele, Juwelen, Ballsäle. Die von Thurn und Taxis wissen, wie man lebt und zeigen gerne ihr Schloss → S. 49

★ **Pfahl**
Erdgeschichte hautnah, Naturerlebnispfad und Panoramablick → S. 54

★ **Kanutouren**
Dichte Wälder am idyllischen Ufer: wildromantisch unterwegs auf dem Schwarzen Regen → S. 46

★ **Museum der Bayerischen Geschichte**
Interaktiv, modern und mit Aha-Effekt ändert der Neuzugang in Regensburg den Blick auf Bayern → S. 48

★ **Steinerne Brücke**
Mythen ranken sich um das Regensburger Architekturwunder → S. 48

AUSKUNFT

TOURISTINFORMATION

Herrenstr. 10 | Tel. 09941 60 21 50 | www.bad-koetzting.de

ZIELE IN DER UMGEBUNG

ARRACH (119 D3) (*J3–4*)

In den Natur-Art-Parks des Luftkurorts (2700 Ew.) ist ein Rundweg zu See, Kunst und Moor ausgewiesen. Bei einer geführten INSIDER TIPP Moorwanderung *(Mai–Okt. 10 Uhr | 5 Euro | Informationen bei der Touristinfo Arrach | Tel. 09943 10 35 | www.arrach.de)* wird u.a. auf schaurig-clevere Art erklärt, wie Moorleichen entstehen. *14 km von Bad Kötzting*

BLAIBACH (118 C4) (*H4*)

INSIDER TIPP Die Gemeinde strebt nach mehr. Wie ein Fremdkörper steht es im Ort: Das *Konzerthaus (Kirchplatz 2 | www.konzert-haus.de)* von 2014 vereint Minimalismus und Eleganz – damit hat es der monolithische Bau bis in die Medien von New York oder Peking geschafft. Künstler aus der Jazz-, Klassik- und Popszene spielen auf. Hotspot der Jungen ist der *Blaibacher See:* Tagsüber zum Schwimmen, abends finden im Sommer Open-Airs am *Seekiosk (Mai–Okt. 9–22 Uhr | Gmündt 3a)* statt *(Infos auf www.altesspital.de)*. Das *Museum Frauenfleiß (Ostern–Okt. So–Di 14–17, Jan.–Ostern So 14–17 nur mit Führung, stdl. | gratis | Kammleiten 6b | www.museum-frauenfleiss.de)* geht dem Wirken der Damen über die Jahrhunderte nach und ist mit diesem Fokus einzigartig in Deutschland.

Etwas Besonderes ist eine Bootswanderung – über fünf Tage bis Regensburg oder über drei Stunden bis Chamerau, alles möglich mit den Routen vom Kanu-Verleih *Aqua Hema (2 Pers. für 40 Euro | Tel. 09941 41 28 | www.aquahema.de)*.

Der Marktplatz in Cham wird beherrscht von Jakobskirche und Rathaus

Wasserfeste Gepäcksäcke gibts dazu – und eine Traumaussicht auf Flusslabyrinthe, Burgen und Auen. Rückfahrt und evtl. Übernachtung sind auch organisiert. Im *Schlossgasthof Rösch (40 Zi. | Kirchplatz 10 | Tel. 09941 9 46 70 | www.schlossgasthof-roesch.de | €€)* aus dem 17. Jh. schlafen Sie in Ruhe nach einem Vier-Gänge-Menü mit bayerischem Einschlag. Auskunft: *Tourismusbüro (Kirchplatz 6 | Tel. 09941 9 45 013)*

Dank der vielen Natur strahlen die Sterne hell. In ferne Galaxien entschwinden Sie auf der 4 km entfernten ● *Sternwarte Rossberg (bei klarem Himmel Fr ab 20 Uhr ohne Anm. | Roßberg 3a, Chamerau | www.sternwarte-rossberg.de)*.

CHAM (118 A3) *(🕮 F3)*

„Stadt am Regenbogen" heißt sie auch, die Kreisstadt Cham (17 000 Ew., ca. 17 km entfernt). Den bunten Spitznamen verdankt sie dem Fluss Regen, der die Altstadt in einem Bogen umfließt. 1100 Jahre Stadtgeschichte sind in Jakobskirche, Rathaus und Stadtbefestigung sichtbar. Die Brücke vor dem zinnoberroten Biertor ist ein guter Ort fürs Selfie. Zum Gruseln geht es ins Kloster *Chammüster*, das im Beinhaus des Friedhofs über 5000 Totenschädel aus dem 13. Jh. aufbewahrt. Zum Leben erweckt werden müde Geister in der *Wasserwirtschaft (tgl. | Oberer Regenanger 3 | Tel. 09971 86 24 24 | www.wasserwirtschaft-cham.de | €):* Der knusprige Schweinsbraten hat eine starke Anziehungskraft.

In der Nähe (ca. 15 km) liegt in einem barocken Schlosspark das erste Biobad Ostbayerns. Im *Naturbad Stamsried (bei Badewetter tgl. 10–20 Uhr | Eintritt 2,50 Euro | Rötzer Str. 12, Stamsried | www.naturbad-stamsried.de)* schwimmen Sie im klaren Quellwasser.

Noch nicht genug vom Wasser? Ca. 25 km westlich schlafen Sie im *Campingpark (Seestr. 4, Roding | www.see-campingpark.de | €)* direkt am Neubäuer See. Wer keinen Camper hat, übernachtet im ausgebauten Bierfass – karierte Bettwäsche inklusive.

FALKENSTEIN (117 E3) *(🕮 E5)*

Einmal Weitsicht, bitte! Von der Burg Falkenstein auf 628 m schauen Sie bis zu den Alpen, zu Ihren Füßen liegt der 3300-Einwohner-Ort wie ein Spielzeugdorf. Die Burg beherbergt das *Jagdmuseum (Juli–Sept. tgl. 11–18, Okt.–Juni Do–So 11–18 Uhr | Eintritt 2 Euro)* und wird zwischen Juni und August zur Theaterbühne für die Burgfestspiele. Im *Gasthof (Okt.–Juni Do–So, Juli–Sept. Di–So | Tel. 09462 9 11 129 | www.burg-falkenstein.com | €)* können Sie bayerisch-französisch speisen. *37 km von Bad Kötzting*

FURTH IM WALD (118 C1–2) *(🕮 G–H2)*

Der Ort (9000 Ew.) hat sich dem Lindwurm verschrieben. Seit 500 Jahren erstechen die Further jeden August eine Feuer speiende Bestie: Der Drache steht für Kriege und die Not der Menschen im Tal. Der *Further Drachenstich* ist Deutschlands ältestes Historienspiel. Von Ende März bis Oktober können Sie den Hauptdarsteller, den Roboter Tradinno, in seiner *Höhle (April–Ende Okt. Di–So 10.30–16 Uhr | Saisonstartinfo Tel. 09973 509 80 | Eintritt 6,50 Euro | Eschlkamer Str. 10a)* am Festplatz besuchen. Über welches Reich der Tech-Wurm herrscht, sehen Sie am besten vom Stadtturm aus, zu dem auch das *Landestor-* und *Drachenmuseum (Schloßplatz 4)* gehört, das 2019 komplett umgebaut wird. Der Turm hat während des Umbaus nur in der Sommersaison geöffnet.

Nach all dem Feuerspeien etwas Wasser gefällig? Im *Wildgarten (tgl. von Sonnenauf- bis -untergang | Eintritt 4,50 Euro | Dabergerstr. 33 | www.wildgarten-furth.*

de) schwimmen hinter Scheiben Hecht, Alge und Zander vorbei. Reale Geschichte erfahren Sie während einer Führung durch die *Felsengänge (Mai–Anfang Nov. Führung Mo, So 14, Mi, Fr, So 11 Uhr | Tel. 09973 29 33)*, die seit dem Mittelalter kilometerweit unter der 1086 erstmals erwähnten Stadt verlaufen. Den Eingang erreichen Sie über Grabitzer Straße, Färberweg, Von-Müller-Straße, Kirchplatz und Kramerstraße Richtung Stadtplatz. Im Innenhof des *Gasthofs zum Bay (Mo, So-Abend geschl. | Bayplatz 5 | Tel. 09973 43 34 | www.zumbay.de | €–€€)* genießen Sie Rustikales. *19 km von Bad Kötzting*
Etwas außerhalb in Sengenbühl serviert das romantische *Hotel Steinbruchsee (8 Zi., 3 FeWo | Restaurant Nov.–Mai Di geschl. | Steinbruchweg 10 | Tel. 09973 6 09 | www.steinbruchsee.de | €)* Fisch- und Wildgerichte aus eigener Zucht. Übernachten können Sie z. B. im Turmzimmer mit Seeblick.

HOHER BOGEN

(118–119 C–D 2–3) *(H–J3)*
Nur Fliegen ist schöner: Auf der neuen Wasserrutsche „Nautic-Jet" schießen Sie über das Wasser, dass es spritzt und schwappt. Im *Erlebnispark Hohenbogen (Liftstr. 2, Neukirchen b. Hl. Blut)* strömt Adrenalin durch die Adern. Natürlich können Sie auch entspannt eine der zehn Kuppen des Hohen Bogens erwandern, beim schrulligen *Graskart (tgl ab 12.30 Uhr)* Ihren inneren Biker rauslassen oder nach der Fahrt mit der *Sesselbahn (Sommer tgl. 10–17 Uhr | Berg- und Talfahrt 9,50 Euro | www.hohenbogen.de)* einfach den Blick über den Böhmerwald genießen. *10 km von Bad Kötzting*

OSSER (119 E3) *(K3)*

Von Lam führt ein Rundweg auf die Zwillingsgipfel Großer (1293 m) und Kleiner Osser (1266 m). Die vierstündige Wanderung ist anspruchsvoll, bietet aber herrliche Ausblicke. Ausgangspunkt ist der Sattel-Parkplatz in Lam. In der Ortsmitte geht es – leicht zu übersehen – rechts ab nach Lambach und auf halbem Weg wieder rechts zum Parkplatz. Von dort gelangen Sie in ca. anderthalb Stunden auf den Großen Osser an der Grenze zu Tschechien. Noch auf deutschem Boden steht die *Osserschutzhütte (Nov.–April geschl. | Tel. 09943 13 51 | €)*. Hier können Sie sich stärken. Verschiedene Wege führen in rund 15 Minuten hinüber auf den Kleinen Osser. Über die Osserwiese geht es von dort zurück zum Sattel-Parkplatz. *20 km von Bad Kötzting*

BODENMAIS

(119 E5) *(K5)* **Geranien satt, Bergpanorama und bayerische Heimeligkeit zeichnen den Kurort (3300 Ew.) am Südhang des Arbers aus.**
Im Sommer sind die Restaurants mit Touristen leicht überfüllt, doch die Infrastruktur ist einfach zu gut, die Umgebung voller Freizeitaktivitäten zu schön, um Bodenmais zu verpassen. Im Winter ist der Ort wegen Schneesicherheit ein Paradies für Langläufer, ansonsten locken Glaskunst und das Silberbergwerk Gäste an.

SEHENSWERTES

HISTORISCHES BESUCHERBERGWERK BODENMAIS (119 E5) *(K5)*

Bis in die 1960er-Jahre hinein wurde im 955 m hohen Silberberg südöstlich von Bodenmais nach Silber geschürft. Heute bietet das Schaubergwerk spannende unterirdische Wanderungen zu Grundwasserseen und auf der *Erlebnisführung (April–Okt. Mi, Sa 10 Uhr | Anm. Tel. 09924 3 04 | 16 Euro | Taschenlampe und Regenjacke mitbringen)* sogar in unbeleuchtete Gänge an. *Wechselnde Öffnungszeiten | Eintritt Erw. 8,40, Kinder 5,70 Euro | www.silberberg-online.de*

JOSKA KRISTALL

Eine „Erlebniswelt aus Glas" mit Kristallkunstpark, Biergarten sowie einer hochmodernen Schmelzanlage und einer Glasklinik für angeschlagene Lieblingsgefäße bietet der weltweit gefragte Glasveredler Joska. *Mo–Fr 9.30–18, Sa bis 17, Mai–Okt. auch So 10–17 Uhr | Eintritt frei | Am Moosbach 1 | www.joska.com*

ESSEN & TRINKEN / ÜBERNACHTEN

BIO-SPORTPENSION ADAM

Das Haus bietet ein Biofrühstücksbuffet und eine Sauna mit Wohlfühlgarten. Außerdem können Sie Mountainbikes und Langlaufausrüstungen leihen. *3 Zi., 3 FeWo | Waldglashüttenstr. 1 | Tel. 09924 90 22 70 | www.bio-sportpension.de* | €€

BÖHMHOF

Ein schönes Panorama eröffnet sich am Viersternehotel mit Loipe am Haus. Ein Erlebnis sind die Kutschfahrten. Im kleinsten Restaurant Deutschlands, der INSIDER TIPP Böhmhof-Alm, haben vier Leute Platz, im Winter wärmt das Käsefondue von innen. *35 Zi. | Böhmhof 1 | Tel. 09924 9 43 00 | www.boehmhof.de* | €€€

GUTSALM HARLACHBERG

Wollen Sie im Wiesnschlafhäusl am Waldrand nächtigen, in der Jugendstilvilla mit Panoramablick oder im Atelier am Weiher? Daneben bietet die Alm mit eigener Energie- und Wasserversorgung noch „normale" Zimmer. Jeden Mittwoch können Sie selbst Brot im Steinofen backen. *22 Zi. | Harlachberg 1 und 2 | Tel. 09924 9 43 49 30 | www.harlachberg.de* | €€€

FREIZEIT & SPORT

Angeschirrt und losgedüst: Die Pferde des Rosserer Wirts ziehen Sie in der tra-

Der Große Arber ist der höchste Berg im Bayerischen Wald und im Winter tief verschneit

ditionellen Kutsche, im Winter geht es auf Schlittenkufen über Eis und Schnee *(Abfahrt tgl. 10 und 14 Uhr, Anm. info@rosserer-wirt.de)*. Ein romantisches Erlebnis mit Speed – und perfekt um danach im Wirtshaus *(tgl. | Silberbergstr. 21 | Tel. 09924 13 63 | www.rosserer-wirt.de | €)* bei hausgemachten Kuchen nach Omas Rezept zu schlemmen.

An der Donau-Strandbar in Deggendorf

AUSKUNFT

BODENMAIS TOURISMUS
Bahnhofstr. 56 | Tel. 09924 77 81 35 | www.bodenmais.de

ZIELE IN DER UMGEBUNG

ARBERSEEN
Die letzte Eiszeit hat den *Großen Arbersee* (119 F5) *(🕮 K5) (www.arbersee.com)* ausgegraben. Dunkel und ruhig liegen Wasser und Moorflächen umgeben von Wald. Machen Sie nach Ihrer Spazierrunde eine Pause im *Seehaus (abends geschl. | €)*. Dort gibt es auch Tretboote zu leihen. Ab dem Tierpark Lohberg fahren Sie romantisch mit der *Arberseebahn (Mai–Nov. tgl. ab 9.30 Uhr | 7,50 Euro | www.kleine-arberseebahn.de)* zum *Kleinen Arbersee* (119 E4) *(🕮 K4)* mit schwimmenden Grasinseln und dem *Seehäusl (Nov.–Ostern geschl. | Tel. 09943 13 85 | www.seehaeusl-kleinerarbersee.de | €)*. *10 km von Bodenmais*

DRACHSELSRIED (119 D5) *(🕮 J5)*
Hier fühlt sich der Wald dichter, dunkler, grüner an. Nachts leuchten die Sterne dank null Lichtverschmutzung umso klarer. Die *Pension Breu (3 Zi., 2 FeWo, 1 Chalet | Fichtenweg 2 | Tel. 09945 90 52 83 | www.pension-breu.de | €)* veranstaltet in der INSIDER TIPP hofeigenen Sternwarte Astronomieabende. Wohlfühlen werden Sie sich auf alle Fälle auch im *Hotel Lindenwirt (62 Zi. | Unterried 9 | Tel. 09945 95 10 | www.hotel-lindenwirt.de | €€€)*. Daybeds am Naturschwimmteich, Plüschsessel und eine INSIDER TIPP russische Banja-Sauna für Wellnessfans, für Wanderer hängen Rucksack, Regenschutz und Wanderstock auf jedem Zimmer. *8 km von Bodenmais*

GROSSER ARBER ★
(119 E4–5) *(🕮 K4)*
Mehr als 45 Wanderwege (Karte bei der Touri-Info) führen hinauf und um ihn herum, den König im Bayerischen Wald (1456 m). Der Aufstieg lohnt, aber auch die Sesselbahn bringt Sie hoch hinauf zur

Eisensteiner Hütte (tgl. 10–16 Uhr | www.arber.de | €). Der Weg von der Bergstation zur Hütte und zum *Arberschutzhaus (abends sowie April und Nov. geschl. | Tel. 09925 94140 | www.arberschutzhaus.de | €)* ist barrierefrei. Schneefans freuen sich über rund 15 km Piste. Eine weitere Gaudi: die 1200 m lange Rodelbahn mit Schlittenverleih. *9 km von Bodenmais*

NATURSCHUTZGEBIET RIESLOCH

(119 E5) *(◻ K5)*
Wildromantisch rauscht der Riesbach durch die felsige Schlucht. Ihre 55 m hohen ★ *Rieslochfälle* mitten im Hochwald mit Totholz und viel Moos sind die größten im Bayerischen Wald. Von Bodenmais führt der Rieslochweg zu einem Parkplatz, an dem die 7 km lange Wanderung beginnt. Alternativ: Vom Parkplatz Schönebene über den Höhenweg links steil hinauf. Nach zwei Brücken stehen Sie vor den Wasserfällen. Folgen Sie dem Weg entlang der Schlucht, der wieder zurück zur Schönebene führt. *2 km von Bodenmais*

DEGGENDORF

(122–123 C–D3) *(◻ H–J8)* **Die Wittelsbacherstadt (31 500 Ew.) hat sich heute zu einem „Tor zum Bayerwald und zum Osten" an der Donau und am Autobahnkreuz A 3/92 entwickelt.**
Seit dem Zuschlag für die Landesgartenschau 2014 ist die Atmosphäre in der Kreisstadt *gschaftig,* sprich: Neues bahnt sich den Weg.

SEHENSWERTES

ALTSTADT

Die Altehrwürdigkeit der im 13. Jh. auf einer Keltensiedlung angelegten Stadt ist noch am mittelalterlichen *Stadtturm* und dem *Alten Rathaus* zu erkennen. Sehenswert ist auch der Barockturm der *Grabkirche Peter und Paul.* Der *Brunnen der Knödelwerferin* erinnert an die Bürgermeistergattin, die 1266 die Böhmen mit Klößen verjagte.

HANDWERKSMUSEUM UND STADTMUSEUM

Wo gehobelt wird, da fällt Wissen ab. Auf jeden Fall in diesem Spezialmuseum rund um Holz, Leder und Druck. Richtig spannend wird die Ausstellung im sanierten Kulturviertel durch örtliche Geschichten, die zum Teil besser als jeder Krimi sind. *Di–Sa 10–16, So 10–17 Uhr | Eintritt 1,50 Euro für beide Museen | Handwerksmuseum: Maria-Ward-Platz 1, Stadtmuseum (schräg gegenüber liegend): Östlicher Stadtgraben 28*

ESSEN & TRINKEN

GASTHAUS ZUR KNÖDELWERFERIN

Bodenständig-frische Küche. Hier gibt es auch die Deggendorfer Knödel zu kosten, eine Süßspeise. *Tgl. | Schlachthausgasse 1 | Tel. 0991 4767 | www.knoedelwerferin-deggendorf.de | €€*

KRAHWIRT

Erlebnisgastronomie mit Showküche und launigen Angeboten wie dem „Rauschigen Grillmeister": das heißt übersetzt ein Schweinesteak und eine Stunde lang wird Freibier ausgeschenkt. Danach können Sie auch gleich hier übernachten *(€). Tgl. | Haslacher Str. 151 | Tel. 0991 3209898 | www.krahwirt.de | €*

MUND-ART

Die Deggendorfer sagen: Hier gibt es das beste Steak der Stadt. Abwechslung bringen mexikanische Enchiladas. *Di geschl. | Mühlenweg 4 | Tel. 0991 40671127 | www.mund-art-restaurant.de | €€*

FREIZEIT & SPORT

ELYPSO

Weltweit einzigartig sind die 25 m langen „Jumper"-Rutschen im Erlebnisbad. Es gibt außerdem eine Erdsauna, ein Schwitzzelt und einen Teich. *Mo–Fr 10–22, Sa, So 9–21 Uhr | Eintritt 5,50 Euro | Sandnerhofweg 4–6 | www.elypso.de*

HIMMELREICH

So nennen die Deggendorfer Wald und Wiesen auf dem Bergrücken am westlichen Stadtrand, die Pilz-Naturschutzgebiet sind. Rund 650 Großpilzarten wachsen dort, u. a. Saftling und Ellerling, die vom Aussterben bedroht sind. Langlaufen, Schlittenfahren und Pilzesammeln erlaubt.

AM ABEND

Angesagt ist der Liesl Club *(Fr, Sa 23–4 Uhr | Michael-Fischer-Platz | facebook.com/LieslClub)* im City-Center. Weitere In-Adresse: das *Aurum (Do 22–2, Fr/Sa 21–2 Uhr | Luitpoldplatz 9)*. Im Kulturviertel liegt das Veranstaltungszentrum *Kapuzinerstadl (Maria-Ward-Platz 10 | Tel. 0991 3 70 59 0 | www.kulturviertel.deggendorf.de)*.

ÜBERNACHTEN

HOTEL BURGWIRT

Gäste schwärmen von ruhiger Lage und geräumigen, sehr sauberen Zimmern. INSIDER TIPP Leihräder gibt es kostenlos. *31 Zi. | Deggendorfer Str. 7 | Tel. 0991 3 00 45 | www.hotel-burgwirt.de | €€€*

STADTHOTEL HÖTTL

Das moderne Hotel liegt zentral. Großen Wert legen die Betreiber auf die Musikantenstammtische und Hoffeste. *63 Zi. | Luitpoldplatz 22 | Tel. 0991 3 71 99 60 | www.hoettl.de | €€*

AUSKUNFT

TOURISTINFORMATION

Oberer Stadtplatz | Tel. 0991 2 96 05 35 | www.deggendorf.de

ZIELE IN DER UMGEBUNG

BERNRIED (122 C2) (*🕮 H7*)

In der Gemeinde (4600 Ew.) dreht sich viel um den Hirsch: Wildspezialitäten gibt es im *Zum Woidjager (mittags geschl. | Engerlgasse 18 | Tel. 09905 2 61 | www.woidjager.de | €€€)*. Am Wildpark Buchet leben 200 Hirsche, im *Wild-Berghof (Restaurant Mo, Di geschl. | Buchet 2 | Tel. 09905 2 48 | www.wildberghof-buchet.de | Restaurant €, Übernachtung €€)* gibt es sie als Braten oder Wurst. Am besten bleiben Sie über Nacht. Das mobile INSIDER TIPP Scheunenhäuschen HYT mit fünf Betten wird da hingefahren, wo Sie es gern hätten: Waldrand, Wiese, Hirschpark. Verpassen Sie nicht die jüngst konzipierten Kochkurse rund um die Wurst. Ein Anlaufpunkt für Wellnesser ist der *Bernrieder Hof (35 Zi. | Bogener Str. 9 | Tel. 09905 7 40 90 | www.bernrieder-hof.de)* mit großem Spa-Menü. *13 km von Deggendorf*

Schaurig-schön liegt wenige Kilometer Richtung Deggendorf ● *Schloss Egg* im Wald. Die Feste (11 Jh.) war Kulisse für Filme wie „Bibi Blocksberg" und „Fünf Freunde". Führungen durch die Folterkammer haben Gruselfaktor *(April, Okt. So 10–16 Uhr, Mai, Sept. tgl. 10–16 Uhr, Juni–Aug. tgl. 10–17 | Eintritt 5 Euro | www.schloss-egg.de)*.

GRATTERSDORF (123 E4) (*🕮 K8*)

Der Hausberg des Orts (1400 Ew.), der 860 m hohe *Büchelstein*, gab dem Pichelsteiner Eintopf seinen Namen. Daran erinnert im August das Büchelsteinerfest. Mutige springen von hier im

Tandem am Gleitschirm mit Albert Fröhler ins Nichts und segeln ins Tal *(Tel. 09903 749 | www.dgcb.de)*.
Rund 300 km Wanderwege führen durch das umgebende Sonnenwald-Gebiet bis zum etwa zwei Stunden entfernten Brotjacklriegel (1016 m). Noch höher hinauf gelangen Sie im *Aussichtsturm (April–Nov. tgl. 10–17 Uhr | Eintritt 1 Euro)*. Urig ist der *Gasthof zum Sonnenwald (5 Zi. | Restaurant Mi geschl. | Tel. 09908 275 | www.zum-sonnenwald.de | €€)* in Schöfweg. *20 km von Deggendorf*

LALLINGER WINKEL (123 E3) *(K8)*
Mild ist es in dem Talkessel der auslaufenden Berge rund um den Ort Lalling. Die Natur freut's und gleich nach der Schneeschmelze drängen sich auf der Schneeglöckchenwiese an der Südseite des Orts 30 000 weiße Blüten. Die Gegend ist wegen seiner guten Äpfel und vielen Streuobstwiesen auch als „Obstkorb des Bayerischen Waldes" bekannt. In Mostereien wird dem Obst der hochprozentige Geist hinzugefügt. Eine schöne Nachmittagstour führt entlang der *Apfelstraße (www.apfelstrasse.de)* zu Bauern und Erzeugern. Kurios: der 6 ha große *Feng-Shui-Park (März–Okt. | Führungen Do 15 Uhr | Eintritt 3 Euro)* in Lalling an der Straße nach Euschertsfurth. *20 km von Deggendorf*

METTEN (122 C3) *(H8)*
Metten (4400 Ew.), 1944 Geburtsort von Torwartlegende Sepp Maier, gehört zur 766 gegründeten Benediktinerabtei *St. Michael*. Die Kirche prunkt in Barock mit einem Altarblatt von Cosmas Damian Asam. Weltruhm besitzt die stuckreiche ★ *Klosterbibliothek (Führungen Di–So 10 und 15 Uhr, 5 Euro | www.kloster-metten.de)* von 1720, deren Gewölbe Herkulesfiguren tragen, mit aktuell 10 000 Bänden. Noch jung im Kloster ist der *Prälatengarten (April–Nov. tgl. 8–21)* nach der Idee spätbarocker Lustgärten. *5 km von Deggendorf*

In der prunkvollen Klosterbibliothek Metten werden die Bücher beinahe zur Nebensache

Ideal für Kanufahrer und andere Wassersportler: der Schwarze Regen

NIEDERALTEICH (123 D4) *(🗺 J9)*
Das Urkloster des Orts (1900 Ew.) wurde bereits 731 gegründet. In der imposanten Barockanlage aus dem 18. Jh. werden byzantinische Messen abgehalten. Einzigartig sind das in eine Steinplatte eingemeiselte Horoskop zum Tag der Grundsteinlegung am Südturm sowie die ovalen Deckenöffnungen im Seitenschiff. Das Gasthaus *Klosterhof-Niederaltaich (Okt.–April Mo geschl. | www.klosterhof-niederaltaich.de | €)* hat einen Biergarten. *10 km von Deggendorf*
Ein weltlicher Ort zum Relaxen ist die *Traumhütte (Mimming 4 | Tel. 09901 3153 | www.traum-huette.de | €€€)* im Naturschutzgebiet Hengersberg: Weitblick-Terrasse, Himmelsschaukel und Kamin machen die Selbstversorger-Unterkunft zum Lieblingsort.

ZIEGEL- UND KALKMUSEUM
(123 E5) *(🗺 J–K9)*
Das Museum in Winzer mit Erlebnisprogramm zeigt auf einem Freigelände die jahrtausendealte Geschichte der Ziegel- und Kalkherstellung. Im Mittelpunkt steht ein Brennofen von 1883. *April–Okt. So und jeden 1. und 2. Sa im Monat 13–17 Uhr sowie n. Anm. unter Tel. 09901 935719 | Eintritt 4 Euro | Museumstr. 2, Ortsteil Flintsbach | www.ziegel-kalkmuseum.de | 26 km von Deggendorf*

REGEN

(123 E1) *(🗺 K6)* **Regen Sie sich in Regen – am besten auch auf dem gleichnamigen Fluss. Die Kreisstadt (12 000 Ew.) bietet Action, eine gute Portion Kultur und Bayerwald-Panorama.**
Der Handel machte Regen reich, der Erbfolgekrieg ruinierte alles, heute lebt der Ort von Handel und Tourismus. Mit frischfarbigen Fassaden rund um den Marktplatz und der Nähe zum Wasser ist Regen ein wahres Idyll. Und die Regener feiern gerne – Ritterfest, Inselfest, das Pichelsteinerfest mit Feuerwerk und Festzug sowie zweijährlich das Volksmusikfest „Drumherum" (gerade Jahreszahlen) versetzen die Stadt in ständige Vorfreude.

SEHENSWERTES

INSIDERTIPP BIER- UND EISKELLER
Verschüttet und vergessen waren die rund 25 Gewölbekeller unter der Gemeinde. Ein Verein saniert die über 350 Jahre alten Katakomben, neun sind bereits zugänglich. In Führungen ist alles rund um Eis, Bier und spannende Lokalgrößen zu erfahren. *Mai–Okt. Do 19 Uhr | Anm. Tel. 0170 3635914 | Eintritt frei | www.postkellerfreunde-regen.de*

BURGRUINE WEISSENSTEIN
Clever waren sie, die Grafen von Bogen ... Als sie 1100 die Trutzburg planten, bauten sie sie auf einem der höchsten Punkte des Quarzgesteins, des Pfahls, der hier in ca. 750 m Höhe zutage tritt. Beste Aussicht, auch auf nahende Feinde. Erst im Erbfolgekrieg 1742 wurde die Burg zerstört. Alle zwei Jahre (ungerade Jahreszahlen) erinnert ein Ritterspektakel im Juni an die Schlacht. *April–Okt. Di–Do, Sa 10–16.30, Fr, So 10–17.30 Uhr, bei Regen geschl. | Eintritt 1 Euro | www.burgverein-weissenstein.de | 2 km südlich des Zentrums*
Einmalig ist das Gelände am Fuß der Burgruine: Hier stellt der Glaskünstler Rudolf Schmid auf 2000 m² bis zu 8 m hohe Glasbäume auf – besonders schön ist der *Gläserne Wald* bei Nacht, wenn er bunt leuchtet. Den besten Blick haben Sie vom Parkrand gegenüber dem *Fressenden Haus,* früher der Getreidekasten.

ST. MICHAEL
Die Stadtpfarrkirche, erstmals erwähnt 1148, vereint die Stile mehrerer Epochen. Sie beherbergt einen Teil der Pscheidl-Krippe, deren Stofffiguren Papst Johannes Paul II., aber auch den einstigen Ministerpräsidenten Franz Josef Strauß oder den Regener Alt-Oberbürgermeister darstellen. *Kirchplatz*

ESSEN & TRINKEN/ ÜBERNACHTEN

BRAUEREIGASTHOF FALTER
Das Wirtshaus bietet üppige Küche und einen idyllischen Biergarten direkt am Regen. Spezialität ist das Arberreindl mit Haxerl und zweierlei Knödeln. *17 Zi. | Restaurant Mo und Okt.–April So-Abend geschl. | Am Sand 14 | Tel. 09921 9603377 | www.brauereigasthof-regen.de | Restaurant €, Hotel €€€*

WALDFERIENDORF REGEN
Die bis zu 170 m² großen Ferienhäuser des familienfreundlichen Domizils fügen sich in die Landschaft ein und haben Kachelöfen. *50 FeWo | Haus Nr. 2 | Anreise Mo–Sa | Tel. 09921 3421 | www.waldferiendorf-regen.de | €*

BERGGASTHOF ZOTTLING
Der Blick bei Sonnenuntergang übers Aitnachtal entschädigt für die 20 Minuten Fahrt aufs Plateau. Auf der Sonnenterrasse gibt es Lamm oder Bioschwein, dazu Gemüse aus dem Hausgarten. Wer mag, bleibt über Nacht – der Sonnenaufgang ist auch nicht schlecht ... *12 Zi. | Restaurant Mo geschl., Hotel im Feb. geschl. | Zottling 1, Patersdorf | Tel. 09929 95900 | www.berggasthof-zottling.de | €*

FREIZEIT & SPORT

INSIDERTIPP E-MOUNTAINBIKE-TOUREN
Mit ordentlich Schub geht es durch den Wald und jeder kann bei Michael Dirmaiers Touren mithalten! Der Radprofi ist einer der ersten, die Mountainbikes mit E-Motor verliehen. Old School, also Rennrad oder MTB pur, kriegt man hier auch. *Ab 30 Euro/Tag | Oleumhütte 9a | Tel. 0170 6668470 | www.e-bike-bayerwald.de*

Hier spiegeln sich mehr als 700 Jahre Kirchengeschichte: Dom St. Peter

KANUTOUREN ★

Nichts als Natur und Stille. Der Schwarze Regen fließt durch eine traumhafte Landschaft, rechts und links nichts als unberührtes Grün. Egal ob auf Wildwasser- oder Familientour – der Perspektivwechsel ist einmalig. *30 Min. ab 6 Euro, Tagestour ab 25 Euro | Hölzl's Kanuscheune | Oleumhütte 9a | Tel. 0176 96 84 90 92 | www.kanutouren-regen.de*

LANDSCHAFTSWANDERUNG

Klaus Kreuzer bringt Sie an die schönsten Flecken der Region. Vom Bahnhof geht es durch Bayerisch Kanada, nach Südböhmen oder auf Königstour. *Mai–Okt., Termine unter www.nb-tours.de | Tour ab 5 Euro | Anmeldung bei der Touristinfo*

NATURERLEBNISPFAD

Im Waldschmidtpark am Nordufer des Regens beginnt der *Lehrpfad Spur,* bei dem Sie Ihren Sinnen auf die – na? – genau: Spur kommen. Balance ist gefragt, gutes Hören und ein bissl Grips. Testen Sie die Pyramidenschaukel und den Summstein.

AM ABEND

INSIDER TIPP OBERSTÜBCHEN

Abends wird hier aufgedreht: Das Kulturhaus bietet Musik von Housepartys bis Balkankonzerten, dazu Lesungen, Ausstellungen oder Klamottentauschabende. *Bergstr. 5 | www.oberstuebchen-kulturhaus.wordpress.com*

AUSKUNFT

TOURISTINFORMATION

Schulgasse 2 | Tel. 09921 6 04 82 | www.regen.de

ZIELE IN DER UMGEBUNG

BISCHOFSMAIS (123 E2) *(K7)*

Holla! Die Holunderfee ist am Fuß des Geißkopfs (1097 m) los. Als offizielles Holunderdorf (3200 Ew., *www.holunderladen.de)* verkauft es alles, was schön macht: Holler-Secco, -Seife oder -Essig. Eines der größten Skigebiete Niederbayerns samt Berggasthof und Aussichtsturm befindet sich hier. Eine weitere Attraktion ist der *Bikepark (Mai–Okt. Mi–So 9–17 Uhr | www.bikepark.net)*. Räder und Ausrüstung gibt es zu mieten. Die sieben Ferienhäuschen im Naturbaustil von INSIDER TIPP *7 Sentidos (Großbärnbacher Str. 50 | Tel. 09920 9 03 67 37 | www.7sentidos.de | €€€)*

haben es in sich: Vom Box-Springbett über die Hängematte bis zum Style-Bad ist alles drin. Das Frühstück ist bio, ausgefallen, veggie – immer zum Niederknien. Nur eine Viertelstunde Fußweg ist die Wallfahrtsstätte *St. Hermann* von Bischofsmais entfernt. *9 km von Regen*

Autofrei und idyllisch liegt das *Waldferiendorf Dürrwies (19 Häuser | Tel. 09920 335 | www.duerrwies.de | €–€€€)* etwas außerhalb.

RINCHNACH (123 F1) *(🕮 L6–7)*

Batman würde es lieben! Immerhin hat sich der Ort, der auf das vom Niederaltaicher Mönch Gunther 1011 gegründete Kloster zurückgeht, den Fledermäusen angenommen. Auf das Patentierchen stoßen Besucher immer wieder, etwa auf dem Fledermaus-Lehrpfad. Auch wenn Sie es sonst nicht so mit Kirchen haben, die barocke INSIDER TIPP *Pfarrkirche* sollten Sie nicht verpassen. Der mittelalterliche Kreuzgang, die muschelverzierte Kapelle, Deckenfresken und Schreinerkunst machen sie zu einer der schönsten der Region. In Grub, etwas außerhalb, wartet der *Schafhof Perl (Di–Fr 10–17.30, Sa 10–16 Uhr | www.schafhof-perl.de)* mit 15 Schafrassen, Wollmuseum, Hofladen und Brotzeitstüberl. *7 km von Regen*

REGENSBURG

KARTE IM HINTEREN UMSCHLAG (116 A4–5) *(🕮 A–B 5–6)* **Zeitreise inklusive: römische Mauern, alte Kirchen, Brücken, über die noch Ritter zogen ... Regensburg ist die letzte erhaltene mittelalterliche Großstadt (144 000 Ew.) Deutschlands.**

Kriege haben den Stadtkern verschont und Regensburg ist heute ein lebendiges Museum mit Bau- und Kunstdenkmälern vom 2. bis zum 21. Jh. Nachts wandelt sich dann das Bild der Fachhochschul- und Universitätsstadt: In Bars und Clubs wird gefeiert als ob es kein Morgen gäbe.

SEHENSWERTES

ALTES RATHAUS

Etwas auf die lange Bank schieben ... diese Redensart wurde in dem Gebäude geboren, dessen ältester Trakt aus dem 13. Jh. stammt. In der Ausstellung *document Reichstag* erfahren Sie mehr, können die geschnitzte Holzdecke (1408) bewundern und eine Folterkammer aus dem Mittelalter besichtigen. *Nur mit Führung tgl. halbstdl. April–Okt. 9.30–12, 13.30–16, Nov.–6. Jan., März 10, 11.30, 13.30, 15, 15.30, 7. Jan.–Feb. 10, 11.30, 13.30, 15 Uhr | Eintritt 7,50 Euro | Rathausplatz*

DOM ST. PETER

Vorbeilaufen – unmöglich. Das Wahrzeichen prangt prominent in der Altstadt. An der Kathedrale, einem Hauptwerk der Gotik in Bayern, wird seit 1275 gearbeitet. Bei der Sanierung der detailreichen Au-

CITY **WOHIN ZUERST?**

Rathausplatz: Im Alten Rathaus befindet sich die Touristinfo. Steinerne Brücke und Welterbe-Besucherzentrum, Dom St. Peter sowie das Schloss Thurn und Taxis erreichen Sie zu Fuß in zehn Minuten. Das Parkhaus Dachauplatz und die Tiefgaragen am Theater/Bismarckplatz und am Arnulfsplatz sind ebenfalls nur wenige Minuten Fußweg entfernt. Vom Bahnhof sind es etwa 15 Minuten. Alternativ nehmen Sie den Altstadtbus oder die Busse 1, 2 oder 11 bis Fischmarkt. Park-&-Ride-Plätze: *www.regensburg.de*.

ßenfront entdeckten die Denkmalpfleger 297 Figuren, die definitiv nicht biblisch sind, wie einen nackten Affen, dazu Kobolde und Drachen. Kopf in den Nacken: Viele von ihnen sind mit gutem Auge oder einem kleinen Feldstecher mit etwas Geduld zu entdecken. Je weiter oben an den Spitzen der beiden Türme (105 m) sie angesiedelt sind, desto frecher, ironischer, frivoler sind die Darstellungen. Im Domkreuzgang sehen Sie großartige Grabdenkmäler, im *Domschatzmuseum (Mo–Sa 11–17, So 12–17 Uhr | Eintritt 3 Euro | erreichbar durch den Nordausgang)* Kostbarkeiten aller Jahrhunderte.

MUSEUM DER BAYERISCHEN GESCHICHTE ★

Immer wieder wurde die Eröffnung des Neubaus am Donaumarkt verschoben, im Mai 2019 soll es so weit sein. Dann erklärt das Museum woher die Bayern kommen, was die Region so einzigartig macht, warum Könige ertrinken und der Bayer Napoleon manchmal dankbar sein sollte. Mit technischer Unterstützung wird Wissen spielerisch vermittelt, dazu gibt es Kuriositäten wie Karl Valentins Raketenflugzeug als Artefakt zu bewundern. *Dauerausstellung ab Mai 2019 Di–So 9–18 Uhr, Eintritt ab 5 Euro | Donaumarkt 1 | www.museum.bayern/museum.html*

STEINERNE BRÜCKE ★

Der Sage nach wettete der Architekt mit dem Dombaumeister, dass seine Brücke vor dem Dom fertig würde. Um seinen Erfolg zu sichern, nahm er Satan als Gehilfen unter Vertrag und versprach ihm dafür drei Seelen. Er gewann und trickste den Teufel aus: Der musste sich mit den Seelen von Gockel, Henne und Hund begnügen. Fakt ist jedenfalls: Die 336 m lange Brücke mit ihren Rundbögen wurde von 1135 bis 1146 über die beiden Donauarme gebaut – damals ein Weltwunder, wie Ken Follett es nicht schöner in seine Romane schreiben könnte, heute zählt sie zum Unesco-Weltkulturerbe. Über Bau und Stadtgeschichte informiert das *Besucherzentrum Welterbe (tgl. 10–19 Uhr | Eintritt frei | Weisse-Lamm-Gasse 1)* am

Perücke gepudert und auf in den Rokoko-Ballsaal von St. Emmeram – den Sie mieten können

Rathausplatz. Am südlichen Ende der Brücke beherbergt die einstige Bauhütte die *Historische Wurstkuchl (tgl. | Tel. 0941 46 62 10 | www.wurstkuchl.de | €).*

ST. EMMERAM ★

Wie das in früheren Zeiten so ging: Der Heilige (Emmeram) wird vom Herzog ermordet, plötzlich wird das Grab zur Wallfahrt und aus der Wallfahrtsstätte erwächst ein Kloster. Das Kloster wurde stark genug, sich vom Hochstift zu trennen. Seit 1812 dient es denen von Thurn und Taxis als fürstliches Schloss. Hier trifft sich die Haute Volée Bayerns zu den von Fürstin Gloria veranstalteten Festspielen *(www.schlossfestspiele-regensburg.de)* oder auf dem Christkindlmarkt. Die Fürstin öffnet das Schloss auch für Besucher. Beeindruckend: Ballsaal und Bibliothek mit einem Deckenfresko (1737) von Cosmas Damian Asam. Die *Fürstliche Schatzkammer (April–Anfang Nov. Mo–Fr 11–17, Sa, So 10–17 Uhr, Nov.–März Sa, So 10–17 Uhr | Eintritt 4,50 Euro)* ist separat zu besichtigen. *Mitte März–Mitte Nov. tgl. stdl. 10.30–16.30, Mitte Nov.–Mitte März Sa, So stdl. 10.30–15.30 Uhr | ab 10 Euro | Buchung Tel. 0941 5 04 81 33 | St. Emmeramsplatz | www.thurnundtaxis.de*

ST. JAKOB (SCHOTTENKIRCHE)

Die Einsiedelei des irischen Mönchs Mercherdach (um 1040) war Keimzelle des Klosters. Das Hauptportal, das Schottentor, gehört wegen seiner rätselhaften Steinmetzarbeiten zu den bedeutenden romanischen Werken des Abendlands. *Tgl. 8–18 Uhr | Führungen Sa 11–12.15 Uhr | Waffnergasse*

ESSEN & TRINKEN

ANNA

In dem Laden-Bistro in einer ehemaligen Schnupftabakfabrik will man einfach nur verweilen und futtern. Die dick belegten Bauernbrote etwa, die Herztörtchen, die lauwarmen Quiches mit Kombis wie Ziegenkäse-Walnuss. *Tgl. | Gesandtenstr. 5 | www.anna-cafe.de | €€*

DAMPFNUDEL-ULI

Die luftigen Hefeklopse hält Uli Deutzer für ein Lebenselixier. Seine winzige Kochstube (seit 1975) im Baumburger Turm ist legendär; Andenken vieler Promigäste zieren die Wände. *Mi–Fr 10–17, Sa 10–15 Uhr | Am Watmarkt 4 | Tel. 0941 5 32 97 | www.dampfnudel-uli.de | €–€€*

SPITALGARTEN

Der Biergarten am Ostende des Oberen Wörths bietet INSIDER TIPP besten Blick auf die Steinerne Brücke und die Altstadt. Die Spitalbrauerei erweitert mit „Pale Ale", „Strong Ale" und „Chocolate Stout" den regionalen Geschmackshorizont. Es werden auch neun günstige Zimmer vermietet. *Tgl. | St.-Katharinen-Platz 1 | Tel. 0941 8 47 74 | www.spitalgarten.de | €*

STORSTAD

Alter Schwede ... auf den trifft man hier nicht, aber auf leichte Küche aus seiner Heimat mit viel Gemüse, Kräutern, Fisch, das Ganze fruchtig-herb und knackig-bunt. Der gebürtige Waidler Anton Schmaus kocht auf hohem Niveau: über den Dächern Regensburgs und mit Michelin-Auszeichnung. *So, Mo geschl. | Watmarkt 5 | Tel. 0941 59 99 30 00 | www.storstad.de | €€€*

AM ABEND

0941 BEACH

Strandurlaub in der Stadt – bei gutem Wetter im Sommer ist der Sand angefüllt, die Liegestühle stehen bereit, die Bar ist mit eiskaltem Bier ausgestattet. *So–Do 11–23, Fr, Sa 11–24 Uhr | Donaulände 21*

ALTE MÄLZEREI
Lokale Bands treten auf, immer gut ist das Improtheater. Die Diskoabende wechseln regelmäßig ihre Motti. *Mo–Fr 14–1 Uhr, Sa, So ab 16 Uhr | Galgenbergstr. 20 | www.alte-maelzerei.de*

GATSBY
Im Stil der 20er-Jahre wird hier durch die Nacht getanzt. Nicht superelegant, aber stilvoll und zu den aktuellen DJ-Sounds. *Do–Sa 23–4 Uhr | St.-Peters-Weg 15*

NEUE FILMBÜHNE
Das Leben ist hier eine Bühne, auf der coole Cocktails in lässiger Atmosphäre serviert werden. Ab und an legt ein DJ auf und gegen Hunger gibt es Burritos, Putensteak oder Pasta. *Tgl. 9–2 Uhr | Bismarckplatz 9 | www.neue-filmbühne.com*

NO 7
„Geh ma in die Sieben?" Diese Frage eines Einheimischen sollten Sie mit „Ja" beantworten. Jahrelang war die Bar Geheimtipp unter Ortsansässigen. *Mo–Sa 20–2 Uhr | Glockengasse 3 | www.no7-bar.de*

ÜBERNACHTEN

B-&-B-HOTEL REGENSBURG
Etwas außerhalb gelegen, dafür gut und günstig ist dieses 96-Zimmer-Hotel. *Landshuter Straße 111 | Tel. 0941 78 49 10 | www.hotelbb.de* | €–€€

BISCHOFSHOF
Die frühere Bischofsresidenz mit urigem Biergarten kommt innen modern daher. Die Zimmer sind unterschiedlich designt. *55 Zi. | Krauterermarkt 3 | Tel. 0941 5 84 60 | www.hotel-bischofshof.de* | €€€

GREEN SPIRIT
Von der Frontseite erst nicht sichtbar, aber zwischen denkmalgeschütztem Altbau und dem Neubau liegt ein 800 m² großer Garten samt Obstbäumen, Kastanien und Gewächshaus. INSIDER TIPP Das neue Gym befindet sich im Gewöl-

Griechische Antike im Bayerwald? Nein, die Ruhmeshalle Walhalla wurde erst im 19. Jh. erbaut

bekeller. *37 Zi. | Frankenstr. 9e | Tel. 0941 4 63 76 30 | www.greenspirithotel.de | €€*

INSIDER TIPP **ROTE 19**
Fassadenfarbe und Hausnummer geben dem Boutiquehotel seinen Namen. Alte Holzbalken und Steinmauern treffen auf Design und Kuschelsofas. *6 Zi. | Obermünsterstr. 19 | Tel. 0941 46 18 56 72 | www.hotel-rote19.de | €€€*

AUSKUNFT

TOURISTINFORMATION
Altes Rathaus | Rathausplatz 4 | Tel. 0941 5 07 44 10 | www.regensburg.de

ZIELE IN DER UMGEBUNG

BACH (116 C4) *(🗺 C5–6)*
Der Müller-Thurgau macht's. Seit der Römerzeit bauen Winzer im heute kleinsten Weinanbaugebiet Deutschlands zwischen Regensburg und Wörth ihre Trauben an. Der Klimawandel hat kleine Wunder in der Flasche bewirkt, wie das *Baierwein-Museum (Mai–Sept. So 13–16 Uhr, Weinlehrpfad immer | Eintritt 2 Euro | Hauptstr. 1 a)* zeigt. *27 km von Regensburg*

WALHALLA (116 B4) *(🗺 B5)*
Über 358 Stufen gelangen Sie hinauf zum pantheongleichen Marmortempel bei Donaustauf, den Ludwig I. von Leo von Klenze 1830–42 als Olymp für die klügsten Köpfe des Volks errichten ließ. Heute entscheidet der Ministerrat über Neuaufnahmen, die frühestens am 20. Todestag der Auserwählten stattfinden können. Die jüngsten Büsten zeigen Käthe Kollwitz (2018) und Max Planck (2019). Nun sind noch zwei Plätze frei. Selbst Regensburger kommen extra her für den sensationellen Sonnenaufgang. ● Stellen Sie Ihr Auto unten ab und nehmen die Stufen, so sparen Sie die Gebühren am oberen Parkplatz. *Tgl. April–Okt. 9–17.45, Nov.–März 10–11.45, 13–15.45 Uhr | Eintritt 4 Euro | 16 km von Regensburg*

WIESENT (117 D4) *(🗺 D6)*
Kontrastprogramm zu Barock und Bier: Ein Stück Hannoveraner Expo 2000 ist im Vorwald zu sehen. Auf der Martiniplatte in Wiesent (2500 Ew.) steht der *Nepal-Himalaya-Pavillon (Mai–Sept. Mo, Sa 13–17, So 13–18 Uhr | Eintritt 10 Euro | www.nepal-himalaya-pavillon.de)*. Nicht verpassen: den INSIDER TIPP Garten im Steinbruch mit 397 Pflanzenarten, die eigentlich auf 4500 m Höhe heimisch sind. *23 km von Regensburg*

STRAUBING

(117 E–F6) *(🗺 E–F7)* **An die goldenen Zeiten als Residenzstadt im Herzogtum Straubing-Holland (14./15. Jh.) erinnern heute noch die Patrizierhäuser in der 47 000-Ew.-Stadt, das Schloss und der fünfspitzige Stadtturm.**
Wuselig wird es in Straubing jedes Jahr Mitte August zum Gäubodenfest, das als traditionelles Volksfest eine Million Besucher anzieht.

SEHENSWERTES

GÄUBODENMUSEUM
Ein Kupferkessel machte den Anfang. Dann fanden die Bauarbeiter 1950 immer mehr: Helme, Beinschienen, Rossstirne aus Bronze und Gold. Am Ende war es der größte Römerschatz, der je auf deutschem Boden gefunden wurde. Im Museum ist er auf Hochglanz poliert ausgestellt. Entlang eines Zeitstrahls erzählt die Ausstellung die Geschichte von Stadt und der Region Gäuboden seit der Steinzeit. *Di–So 10–16 Uhr | Eintritt 4 Euro | Fraunhoferstr. 9 | www.gaeubodenmuseum.de*

KARMELITENKIRCHE

2015 machte das Männerkloster, zu der die spätgotische Hallenkirche gehört, dicht – der Aufschrei in Straubing war groß. Eintreten wollte aber doch keiner. Im barockisierten Kirchenraum sind die Grabmäler sehenswert, darunter das der Lokalheldin Agnes Bernauer: Sie verliebte sich in Herzog Albrecht III. – doch leider war das nicht standesgemäß, ihr Stiefvater in spe ließ die vermeintliche Hexe 1435 in der Donau ertränken. Alle vier Jahre erinnern die *Agnes-Bernauer-Festspiele* an die Liebestragödie. *Albrechtsgasse*

RÖMERPARK SORVIODURUM

Wo früher das 3,5 ha große Römerkastell lag, entsteht ein Römerpark mit Nachbauten aus Holz. Fertiggestellt ist u. a. das Südtor mit Spiel- und Aussichtsturm. Infotafeln erklären den Alltag der Legionäre an der Donau. *Tgl. | Eintritt frei | Schlesische Straße*

STADTBEFESTIGUNG

Mehr Mauer brauchten die Straubinger im 15 Jh. Die Stadt war so stark gewachsen, dass die ursprünglich mittelalterliche Befestigung erweitert und das Handwerkerviertel eingegliedert wurde. 1628 entstanden das Spitaltor sowie zwei weitere Wehrtürme. Die nordöstlichste Stelle nimmt das *Herzogsschloss* ein. Im *Weytterturm (Sa, So 14–17 Uhr, Vernissagen Fr 19 Uhr | In der Bürg 1)* stellen regionale Künstler ihre Werke aus, auf dem Dach nisten Störche.

STADTTURM

Fertiggestellt 1393 als Wachturm über Donau und Feuer, beherbergt er seit 1999 ein 26-teiliges Glockenspiel. Der Turm teilt das 600 m lange Stadtherz mit zwei Barockbrunnen und Prachtfassaden von Barock bis Jugendstil in Theresien- und Ludwigsplatz. *Theresienplatz*

ST. PETER

So sehenswert das Innere der dreischiffigen Pfeilerbasilika (1180), so lohnend ist ein Rundgang über ihren Friedhof, durch *Totentanz-, Agnes-Bernauer-* und *Liebfrauenkapelle.* Grabdenkmäler aus dem 14. bis 20. Jh. erzählen von Christentum, Heimat und Volksglaube. Eintritt in die Kapellen erhalten Sie nur mit einer Führung. Sie können aber auch durch Gitter an den Eingängen einen Blick hineinwerfen. *Petersgasse | Führungen über Touristinfo Straubing, Tel. 0942 1 94 46 91 99*

SYNAGOGE

Niederbayerns einzige Synagoge feierte 2017 ihr 110-jähriges Bestehen. 2006 war ein Anbau nötig, weil sich durch Ex-Sowjetbürger die Mitgliederzahl (rund 1700) seit den 1970er-Jahren verzehnfacht hatte. Führungen können Sie direkt bei der *Kultusgemeinde (ikg-straubing@t-online.de)* anfragen. *Wittelsbacher Straße*

ESSEN & TRINKEN/ ÜBERNACHTEN

HOTEL ASAM

An das frühere Offizierskasino ist ein zweistöckiges Spa angegliedert, das mit Finessen wie INSIDER TIPP Schaummassage im Hamam auftrumpft. Das Restaurant verbindet bayerische und mediterrane Küche. *101 Zi. | Wittelsbacher Höhe 1 | Tel. 09421 78 86 80 | www.hotelasam.de | Hotel €€€, Restaurant €€–€€€*

STADTHOTEL WENISCH

Traditionsreich ist „der Wenisch", zu dem eine Metzgerei, ein Biergarten und eine Fahrradwerkstatt im Haus gehören sowie das INSIDER TIPP *Toni's (So abends geschl. | €€€)* ein wahres Paradies für Freunde des guten Steaks. *43 Zi. | Innere Passauer Str. 59–61 | Tel. 09421 9 93 10 | www.wenisch-straubing.de | €€*

AM ABEND

WIRTSHAUS ZUM GEISS

Die Straubinger nennen das älteste Gasthaus der Stadt, es besteht schon seit 1462, nur „die Geiß". Im Biergarten können Sie sich in lauschigen Lauben niederlassen. *Mo geschl. | Theresienplatz 49 | Tel. 09421 300937 | www.zumgeiss-straubing.de*

HAB UND GUT

High on Highballs! Die Cocktailbar bietet Klassiker im Glas, dazu regelmäßig Gin-Verkostungen und so viele kreative Ideen rund um Whisky und Co, dass man aufpassen muss, nicht vom Barhocker zu purzeln. *Fr–Sa 18–2 Uhr | Aprilgasse 20 | www.hugstraubing.de*

TIEFENRAUSCH

Die Tauchleidenschaft der Chefin war Inspiration für den Namen des Clubs, der zwischen Platzl und Theresienplatz liegt. Auf dem Programm stehen Konzerte von Heavy-Metal-, Rock- und Indiebands. *Fr, Sa 22–5 Uhr | Bernauergasse 1 | www.tiefenrauschstraubing.de*

AUSKUNFT

TOURISMUS STRAUBING

Fraunhoferstr. 27 | Tel. 09421 944691 99 | www.straubing.de

ZIEL IN DER UMGEBUNG

MITTERFELS (117 F5) (*🕮 F6*)

Das Perlbachtal, in dem es schöne Wanderrouten zu entdecken gibt, die *Barockkirche* von 1734 und eine Burgruine aus dem 12. Jh. mit *Heimatmuseum (Ostersonntag–Ende Okt. So 14–17, Mi 15–17 Uhr | Eintritt 2 Euro)* sind Gründe genug, den Luftkurort (2500 Ew.) zu besuchen. *16 km von Straubing*

Marktwächter: Straubinger Stadtturm

VIECHTACH

(118 C5) (*🕮 H5*) **Nostalgie trifft in dem 900 Jahre alten Ort (8400 Ew.) auf frische Ideen.**

Optisch scheint die Zeit stillzustehen, doch junge Handwerker und Künstler machen sich in den alten Gebäuden rund ums hübsche barocke Rathaus breit. Bei Nacht herrscht Partystimmung in den Gewölbekellern, Musikfeste wie das *Bürgerfest* (Juli) oder *Saitensprung in Vejda* (September) ziehen junge Leute an.

SEHENSWERTES

ATELIER ANATOL DONKAN

Anatol Donkan verarbeitet Fischhaut zu Leggins, Taschen, Gürtel. In seinem Haus hält er die Handwerkskunst der Nanai, der Ureinwohner Sibiriens, lebendig. *Unregelmäßige Öffnungszeiten | Billergasse 8 | www.anatol-donkan.com*

PFAHL ★
Imposant ragt der sagenumwobene Quarzfelsen nordöstlich der Stadt (Schutzgebiet *Großer Pfahl*) bis zu 35 m

Durchschauen Sie die Sagenwelt des Bayerischen Walds? Kunstwerke in der Gläsernen Scheune

hoch auf. 300 Mio. Jahre Erdgeschichte hat das hier zu Tage tretende Riff auf dem Buckel, der Naturerlebnispfad erklärt mehr. Von Mai bis Oktober gibt es dienstags (15 Uhr) eine *Pfahl-Führung (Anmeldung Tel. 09942 90 48 64 | Treffpunkt am Parkplatz Großer Pfahl).* Dabei erfahren Sie auch, warum der Pfahl bei den Einheimischen „Teufelsmauer" heißt.

GLÄSERNE SCHEUNE
Rudolf Schmid hat seinen Lebenstraum verwirklicht. In der Scheune bemalt er 200 m² Glaswände mit Motiven aus Bayerwaldsagen. *Mai–Sept. tgl. 10–17, April, Okt. 10–16 Uhr | Eintritt 6 Euro | Rauhbühl | www.glaeserne-scheune.de*

NOSTALGIEHAUS
In vergangene Jahrhunderte versetzt Sie das Sammelsurium von Hobbyrestaurator Michael Irlbeck mit Druckereitrakt und Schratzlkeller. *Jan.–Okt. So–Fr 10–15, Sa 10–13, Juni–Okt. So–Fr 10–16, Sa 10–13, Nov., Dez. auf Anfrage; wegen Museumsübergabe 2019 können sich die Zeiten ändern, s. Webseite | Eintritt 3,50 Euro | Bäckergasse 18 | www.nostalgie-haus.de*

ESSEN & TRINKEN

ADVENTURE CAMP SCHNITZMÜHLE
Einen kultigen Mix aus Hotel, Erlebnis-Camping und Freizeit-Action betreiben die Nielsen-Brothers, wie jeder die Inhaber nennt. Die INSIDER TIPP thai-bayerische Küche sollten Sie unbedingt probieren.

30 Zi. | tgl. | Schnitzmühle 1 | Tel. 09942 94810 | www.schnitzmuehle.com | €€

BLOSSERSBERGER KELLER

Ein Bierkeller mit Lounge, eine Wirtschaft mit Cocktails. Die noch junge Wirtsstube experimentiert – mit Erfolg. Moderne und Tradition finden zueinander wie der mürbe Sauerbraten zum Hugo Spritz. Ungewöhnlich, aber *guad! Mo geschl. | Blossersberger Str. 2 | Tel. 09942 9489440 | www.blossersberger-keller.de | €€*

CAFÉ HINKOFER

Kaffee, Kuchen, Kabarett sind das Dreigestirn, das diesen Familienbetrieb ausmacht. Dazu gibt´s eine kleine Bistrospeisekarte. Am Stadtplatz befindet sich die Dependance *Café Extra* am Rathaus *(Frühjahr–Herbst tgl. 9–open end | Stadtplatz 1 | Tel. 09942 8091616). Di sowie Mo-, So-Abend geschl., Sa erst ab 19 Uhr geöffnet | Ringstr. 7 | Tel. 09942 8812 | www.cafe-hinkofer.de | €*

AM ABEND

INSIDER TIPP ALTES SPITAL

Olli Zilk will die Region beleben und bringt Bands, Musiker, Künstler aus Augsburg oder Australien in den Club im ältesten Gebäude der Stadt: Die Bühne steht in der Kapelle von 1597 und sorgt für besondere Atmosphäre mit genialer Akustik. Was gespielt wird: „Ungehörtes, aber unerhört gut", sagt Zilk. Viele Konzerte sind gratis, das Alte Spital finanziert sich mit Spenden. *Spitalgasse 5 | Tel. 0160 90153693 | www.altesspital.com*

ÜBERNACHTEN

ALTENSTEIN-RESORT ●

Die besondere Unterkunft bietet Wohnträume wie ein schwebendes Doppelbett, einen privaten Whirlpool mit Aussicht oder einen Wasserfall im Wohnraum. Gastgeber Anton Schreiner verspricht dazu ganz private Wellness in jedem der drei Häuser, z. B. in der eigenen Sauna. *Nußberger Str. 32 | Tel. 09942 1458 | www.altenstein-resort.de | €€*

LANDHOTEL MIETHANER

Idyllisches Haus beim Höllensteinsee mit Vollwertkost und Allergikernische. *20 Zi. | Höllenstein 13 | Tel. 09941 9530 | www.landhotel-miethaner.de | €€–€€€*

AUSKUNFT

TOURISMUSVERBAND

Stadtplatz 1 | Tel. 09942 1661 | www.viechtach.de

ZIEL IN DER UMGEBUNG

GEIERSTHAL (119 D5–6) (*J5*)

Über der Gemeinde (2200 Ew.) wacht auf dem Schlossberg die *Ruine Altnussberg (frei zugängl. | www.burgruine-altnussberg.de)* mit Aussichtsturm. In der *Burgschänke (Mo, abends und Nov.–Ostern geschl. | €)* gibt es mittwochs und samstags geräucherte Forelle. *9 km von Viechtach*

LOW BUDG€T

In der Probierstube der Schaubrennerei ● *Bärwurz-Quelle (Mo–Fr 9–18, Sa 9–16, Mai–Okt. auch So 10–16 Uhr | Pfingstreiterstr. 44 | Bad Kötzting | www.baerwurzquelle.de)* darf jeder aus über 80 Spirituosen verkosten.

Fast jeden Sonntag um 10 Uhr können Sie den ● *Regensburger Domspatzen* bei der Messe im Dom kostenlos zuhören.

UNTERER BAYERISCHER WALD

Kleinkunst, Kabarett und selbst Kinofilme aus der Region sind im Kommen. Tourismus, Geschichte und Kultur mischen sich hier perfekt. Moderne Hotelkonzepte gehen einher mit bewahrten Traditionen und in fast jedem Ort werden Kleinkunstbühnen mit hohem Niveau bespielt.

Der Fremdenverkehr boomt und zeigt sich modern: Boutiquehotel, Veggie-Bude, Open-Air-Fest locken auch mehr junge Leute. Und Passau, die einst beschauliche barocke Bischofsstadt, ist heute umso lebhafter mit Kneipenszene, Kulturcafés und Events am Dreiflüsse-Eck. Die Vergangenheit bleibt spür- und sichtbar: Der Untere Bayerische Wald ist im Mittelalter mit Salz und Glas auf der bis nach Böhmen verlaufenden Handelsstraße Goldener Steig reich geworden. Schlösser, Festungen, Burgen erleben durch Bauernmärkte, Mittelalterspektakel und Kerkerführungen ein Revival. Dazwischen mischen sich pittoreske Kirchen und pünktliche Sperrstunden in den Wirtschaften – denn: „katholisch sam ma hier scho!" Wer Samstag also *lumpt,* wird mit dem durchdringenden Glockengeläut am Sonntag trotzdem aus dem Bett geschmissen.

Auch wenn in den Orten einiges geboten ist, so sollten Sie auf keinen Fall die Natur drumherum verpassen. Auf, in oder am Ufer der Ilz, einem Nebenfluss der Donau, bekommen Sie wieder einen klaren Kopf. Die Ilz war bis zur Säkularisation 800 Jahre lang der Grenzfluss zwischen Bayern im Westen und dem fürstbischöflichen Land

 Bild: Veste Oberhaus in Passau

Drei Bäder, Burgen, Flüsse, Länder: Hier kommt vieles im Dreierpack – die schönen Flecken aber kann man kaum zählen

um Passau. 65 km lang ist diese „Schwarze Perle", die ihren Namen dem von viel Humussäure dunklen Wasser verdankt.

FREYUNG

(124 C1) (*N–08*) **Kleine Geschichtsstunde gefällig? Der Name der Kreisstadt (7000 Ew.) geht auf die Besiedlungsstrategie des fürstbischöflichen Landesherrn zurück, der hier um 1300 als Dankeschön von den fleißigen Bürgern keinen Zehnt verlangte. Davon also „befreyt", zogen die Neubürger „in die Freyung".**

Abgesehen vom Stadtbrand 1872 verlief die Geschichte der Garnisons-, Dienstleistungs- und Kurstadt am Goldenen Steig wenig aufregend. Bis vor knapp 10 Jahren ein junges Bürgermeistergespann ins Rathaus einzog, das seither mit dem umgestalteten Stadtplatz, einem Kinokomplex, einem Skaterpark und mehr für frischen Wind sorgt. Neueste Idee: Einen alten Keller durch Disko, Kultur-

Die Buchberger Leite führt entlang des Wildwassers durch Wald und Fels

bühne und Szenebar vom Staub sagen wir: „befreyen".

SEHENSWERTES

SCHLOSS WOLFSTEIN

Die Wehranlage wurde um 1200 errichtet und im 16. Jh. zum Renaissanceschloss umgebaut. Es thront auf einer Quarzsäule des Pfahls und wird heute als Galerieort heimischer Künstler und als Jagdmuseum genutzt. Anfang September findet das Schlossfest statt mit Gauklern, Fechtern und Greifvögelschau. Theaterstücke versetzen in die Zeit des 30-jährigen Krieges zurück. *Hauptsaison Osterferien–Nov. Di–So 10–16 Uhr | Eintritt 3,50 Euro | Wolfkerstr. 3*

SCHRAMLHAUS

Der Hof von 1700 mit seinem Krüppelwalmdach ist eine Rarität: Der Rest Freyungs wurde beim Brand 1872 vernichtet. Das Bauernmuseum bietet Blicke in die gute Stube örtlicher Bauern als auch Einblicke in die Kunst der Hinterglasmalerei. *Dez.–Mitte Mai Di, Do, Sa 13–16, Mitte Mai–Nov. bis 17 Uhr | Eintritt frei | Abteistr. 8*

ESSEN & TRINKEN/ ÜBERNACHTEN

DANIBAUER

Der Vierseithof ist Tafernwirtschaft mit idyllischem Biergarten und Naturpension. Das hausgebackene Brot und der Kuchen sind der Knaller! Übernachten können Sie im Knechtenhäusl oder, wenn Sie's romantisch mögen, im heimeligen Schwalbennest. *8 Zi. | Restaurant Mo–Mi geschl. | Falkenbach 2 | Tel. 08551 42 83 | www.danibauer.de |* €

LANDGASTHAUS SCHUSTER

Genießen Sie im Landgasthaus verfeinerte heimische Küche und gute Weine. Strohschwein mit Kaviar: Leopold Schuster mag wilde Kombis, weiß aber genau, was er auf den Tellern treibt. Wer das lernen möchte, bucht den Kochkurs (ab 180 Euro). *Mo, Di, So-Abend geschl. | Stadtteil Ort | Tel. 08551 7184 | www.landgasthaus-schuster.de |* €€€

FREIZEIT & SPORT

Die abwechslungsreiche und außer von ein paar Betonbettenburgen kaum verschandelte Umgebung können Sie auf vier Hauptrouten (insgesamt 100 km) erwandern. Auf der geführten Bienenwanderung erklärt man Ihnen, wie Bienen werkeln und was ohne ihre Arbeit passieren würde *(April–Nov. Mi 16 Uhr | Kosten 1,50 Euro | Parkplatz am Neuen Friedhof | Anmeldung bei der Touristinfo)*. Wer den Anstieg nicht scheut, für den ist die Region eine sportliche Erlebniswelt – für alle anderen gibt es E-Bikes *(Fahrrad Seibold | Passauer Str. 37 | Tel. 08551 7840)*. Der *Radclub Freyung (Anmeldung Tel. 08551 1650 | www.rc-freyung.de)* bietet geführte Touren an. Im Winter bringen diverse Schlepplifte am *Einsteigerzentrum Geyersberg (www.gs-schneesportschule.de)* auch Anfänger hoch hinaus. Am Kreuzberg führen 34 km Loipe Langläufer durch die Landschaft.

AM ABEND

Folklore und Konzerte bietet die Stadt im *Kurhaus (Rathausplatz 2)*, Nachtschwärmer treffen sich im Club *Freyheit (Fr 22–5 Uhr | Am Bahnhof 20 | Tel. 0160 5555073 | facebook/clubfreyheit)*.

AUSKUNFT

TOURISTINFORMATION

Im Kurhaus | Rathausplatz 2 | Tel. 08551 588150 | www.freyung.de

ZIELE IN DER UMGEBUNG

BUCHBERGER LEITE (124 C1) *(N8)*

Würden Hobbits im Bayerischen Wald leben, sie wären in dieser Wildbachklamm zu finden. Entlang von Saußbach, Reschbach und Wolfsteiner Ohe rauscht und gurgelt es. Die Wälder sind voller Moos und Farne, das Sonnenlicht bricht sich mystisch in diesem Geotop, das als schönstes Bayerns gilt. Das Wildwasser hat eine bis zu 100 m tiefe Schlucht aus den moosgrünen Granitblöcken herausgespült. Die Tageswanderung führt vom Freibad Freyung über das Karbidwerk *Buchbergmühle*, über *Aigenstadl* und *Falkenbach* zurück zum Ausgangspunkt. Geübte gehen bis *Ringelai (Rückweg rund 3 Std.)* und überqueren die Ohe via Hängebrücke – Bauchkribbeln garantiert. Wer länger bleiben mag, checkt im *Landhotel Koller (28 Zi. | Perlesreuter Str. 5 | Ringelai | Tel. 08555 97000 | www.landhotel-koller.de | €€–€€€)* mit Wellnessbereich ein.

GRAINET (125 D1) *(O8)*

Das sehr hoch gelegene Dorf direkt am Goldenen Steig ist ein Hideaway am Rand des Nationalparks. Vom *Haidel-Turm* überblicken sie das grüne Meer an Wäldern, das sich im Sonnenuntergang gülden färbt. Perfekt für Paare ist das INSIDER TIPP *Bergdorf Hüttenhof* (nur erwachsene Gäste) mit hemmungslos romantischen Chalets samt freistehenden Badewannen mit Blick nach draußen

MARCO POLO HIGHLIGHTS

★ Saußbachklamm
Wild und ungestüm – kann pures Idyll sein. Die Wanderung durch die Klamm ist ein Erlebnis für alle Sinne → S. 70

★ Veste Oberhaus
Groß, größer, Oberhaus: Die Trutzburg in Passau ist imposant und informativ → S. 63

★ Erlebnispark Gabreta
Im Erlebnispark dreht sich alles um eine 3000 Jahre alte Keltensiedlung → S. 60

★ Scharfrichterhaus
Obrigkeiten kennen die Kabarettisten in Passau nicht an – bitterböse Satireabende garantiert → S. 66

★ Dom St. Stephan
Der Dom ist das beherrschende Bauwerk in der Altstadt von Passau → S. 62

(52 Zi., 9 Chalets | Hobelsberg 23 | Tel. 08585 960 50 | www.bergdorf-huetten hof.de | €€€). 9 km von Freyung

PERLESREUT (124 B1) *(N8–9)*
Der Name des aparten Orts (3000 Ew.) zwischen Ilz und Wolfsteiner Ohe, von dem man eine weite Fernsicht ins Hinterland hat, deutet an, dass er für die Fürstbischöfe Sitz eines Perlenamts zum Überwachen der Bergbach-Perlfischerei gewesen sein soll. Keine Silbe weist dagegen auf den Schnupftabak hin, für den die Manufakturen von Perlesreut seit 1893 bekannt sind. Mit *Wolf&Ruhland (www.wolf-und-ruhland.de)* sitzt eine der letzten Zigarrenfabriken am Marktplatz. Montag bis Donnerstag kann man vormittags gucken und kaufen. Immer am dritten Juliwochenende wird hier beim *Schmalzlerfest* gewetteifert, sich eine möglichst große Prise des Schnupftabaks durch die Nase zu ziehen. Obacht! Das ist nur was für Kenner! Schmauserei für alle mit Bayerwald-Bison und Buttermilch-Hendl serviert das INSIDER TIPP *Wirtshaus Hafner (Di, Mi geschl. | Tel. 08555 699 | €€€)*. Auskunft: *Touristinfo (Unterer Markt 3 | Tel. 08555 96190). 13 km von Freyung*

RINGELAI (124 C1) *(N8)*
Tief unterhalb der B12 versteckt sich an der Wolfsteiner Ohe Ringelai (2100 Ew.). Im Weiler Lichtenau ist die Welt der Kelten noch lebendig – im archäologischen ★ *Erlebnispark Gabreta (Dez.–Mitte April Sa, So 11–17, Mitte April–Okt. Di–So 10–18 Uhr | Eintritt 6,50 Euro | www.keltendorf.com)*. Funde des Landwirts Paul Freund, der hier über die Jahrzehnte beim Ackern zahlreiche Scherben entdeckte, bewiesen, dass der „Nordwald" schon früh besiedelt war. Das älteste der unter wissenschaftlicher Leitung und für 2 Mio. Euro rekonstruierten Gebäude ist ein urnenfelderzeitliches Haus (12.–9. Jh. v. Chr.), das größte ein dreischiffiger Ständerbau mit Schilfdach. Ein Rundweg führt durch das Dorf, das

Die „Dreiflüssestadt" entdeckt man am besten vom Wasser aus: Donauufer in Passau

keltische Feiertage wie *Beltaine* (um den 1. Mai), *Lugnasad* (Anfang August) und *Samhain* (um den 31. Oktober) mit Festen begeht und vor allem in den Ferien Aktionen und Workshops (z. B. Weben, Brotbacken) bietet.

Lohnende Wanderungen führen zur *Buchberger Leite* (2,5 Std.) und zu Ringelais höchstem Punkt, dem *Geistlichen Stein* (731 m), z. B. auf dem *Hexenpfad* (3 Std. für Geübte, festes Schuhwerk ist nötig). INSIDER TIPP Von Hand geschabte Spätzle in Bioqualität bekommen Sie im Biohotel *Kapellenhof (9 Zi. | Kapellenhof 1 | Tel. 08555 4 07 96 50 | www.kapellenhof.eu | €).*

SCHÖNBERG (120 B6) *(M8)*

Was für eine Ansage: Der Ort (4000 Ew.) schmückt sich mit dem Namen „Meran des Waldes“. Und tatsächlich: Der Marktplatz mit seinen frisch gestrichenen Bürgerhäusern ist ein echter Hingucker. Den Panoramablick gibt es vom *Reinsberger Kurpark.* Direkt vom Ort führt der Weg 1 in den Loher Wald zu einem 50 t Granitblock, dem Wackelstein. Wer dann noch Energie hat, hangelt sich in 15 Metern Höhe im INSIDER TIPP Naturhochseilpark *(Mitte Mai–Okt. Sa, So 10–18 Uhr | Eintritt 17 Euro | An der Scheiben, am Kadernberg | www.kletterparks-eak.de)* von Wipfel zu Wipfel. *25 km von Freyung*

PASSAU

KARTE IM HINTEREN UMSCHLAG (127 E–F 1–2) *(M–N11)* **Eine ehrwürdige Stadt, in der das Leben pulsiert – das ist Passau (50 000 Ew.).**

Burg, Dom und Rathaus sind Zeugen bewegter Zeiten in über 2000 Jahren Stadtgeschichte, aber in der Innenstadt machen sich angesagte Clubs, Boutiquen und eine Galerie mit zeitgenössischer Kunst breit. Heute sind es Kabarettisten, Studenten und Heimatverbundene, die die Stadt am Zusammenfluss von Inn, Donau und Ilz trotz viel Katholizismus modern halten. Passau ist seit den 70er-Jahren auch die heimliche Hauptstadt der Satire. Der Kabarettist Sigi Zimmerschied löste mit seinem Stück „Himmelskonferenz“ damals einen Skandal aus, der bis in die höchste Politik schwappte. Bei kräftigen Witzen spricht heute zwar niemand mehr von Gotteslästerung, doch wer in der Szene etwas werden möchte, muss sich immer noch auf einer der Bühnen in Passau beweisen – das gilt als Ritterschlag.

SEHENSWERTES

Neue Perspektive: Auf der Dreiflüssefahrt *(März–April, Okt. stdl. 11–15 ab Liegestelle 11, Fritz-Schäffer-Promenade, Mai–Sept. halbstdl. 10–16.30 Uhr ab Liegestelle 7/8 ggü. Rathausplatz | Fahrpreis*

9,50 Euro | Tel. 0851 929292 | www.donauschifffahrt.eu) lernen Sie Passau vom Wasser aus kennen.

Wer das Besondere sucht: In Kerker und auf Türme, zu Geschichten und wilden Romanzen bringen Sie die *Stadtfuchs-Führungen (Tel. 0851 45892 | www.stadtfuchs-passau.de).*

DACKELMUSEUM

Wastl, Waldi, Wiener: Der Dackel hat viele Namen und seit kurzem sogar ein eigenes Museum. Der Symbolhund Bayerns wird als Maskottchen, als bester Freund des Adels und auch in der Geschichte dargestellt. Denn einen Dackel zu haben, ist eine Weltanschauung. *Feb.–Dez. tgl. 10–17 Uhr | Eintritt 5 Euro | Große Messergasse 1 | www.dackelmuseum.de*

DOM ST. STEPHAN ★

In Passau bleibt die Kirche im Dorf. Also, der Dom in der Stadt. Hier gelingt der Spagat zwischen Religion und Weltlichkeit. Geglaubt, gebetet und gepriesen wird hier, wo der Bischof – der von den Bürgern auch gerne Oberhirte genannt wird – was zu sagen hat, immer noch viel, auch wenn man abends feiern geht. Der Dom prangt als Wahrzeichen über der Altstadt, er ist die Mutterkirche des heute bekannteren Stephansdoms in Wien. Chor, Querhaus und Vierungsturm sind spätgotisch, das Langhaus ist der größte barocke Dombau nördlich der Alpen. Sehenswert ist die Vierungskuppel, in der der Maler Carpoforo Tencalla eine Illusion geschaffen hat: Die INSIDER TIPP Engelsbeinchen scheinen aus dem Gemälde zu ragen, ebenso wie die Hand auf der Balustrade links des nördlichen Seitenportals. Weiterer Superlativ: Der Dom beherbergt die meisten Pfeifen der Welt – hören Sie sich ein Konzert auf der größten katholischen Kirchenorgel an *(Mai–Okt. und Weihnachtswoche Mo–Sa 12–12.30, Mai–Okt. auch Do 19.30 Uhr | Dauer 1 Std. | Eintritt 5 Euro). Domplatz*

Die Geschichte der Fürstbischöfe erzählt das *Diözesanmuseum (Mai–Okt. Mo–Sa 10–16 Uhr | Eintritt 2 Euro),* das über die Wendeltreppe rechts am Eingang zu erreichen ist (wie auch über die Neue Residenz).

GLASMUSEUM

Die von Georg Höltl zusammengetragenen über 30000 Exponate böhmischer Glaskunst aus 250 Jahren sind die weltweit größte Sammlung dieser Art. Sogar der erste Mensch auf dem Mond, Neil Armstrong, war schon hier im historischen Hotel „Wilder Mann" am Rathausplatz: Er hat das Museum 1985 eröffnet! *Tgl. 9–17 Uhr | Eintritt 7 Euro (nur Barzahlung) | Schrottgasse 2 | www.glasmuseum.de*

HALSER RUINE

Kantige Felsen, feuchte Keller und viel Grün: Tagsüber wirkt das Passauer Viertel Hals wild-romantisch, nachts eher gespenstisch. Über Dorf und Ilz steht die Ruine INSIDER TIPP eine der ältesten Burgen Bayerns (1112), in die Gewölbe und Kerker führen historische Touren (Anmeldung über *www.stadtfuchs-passau.de*). Der alte Pranger von 1510 steht noch heute auf dem Halser Marktplatz, im Hofwirtshaus komponierte Franz Lehar 1901 seine Operette „Wiener Frauen". Ein Spazierweg führt am rechten Ilzufer entlang nach Hals, malerisch ist der Weg vom Hofbauerngut hinüber zur Triftsperre.

MUSEUM MODERNER KUNST

Künstlern der Region widmet sich die Stiftung Wörlen in der Altstadt auf drei Etagen am Donaukai. Flussseitige Fenster bieten tolle Sicht auf die Vesten samt Hängebrücke. *Di–So 10–18*

Uhr, Juni–Sept. auch Mo 10–16 Uhr | Eintritt 6 Euro | Bräugasse 17 | www.mmk-passau.de

RATHAUS

Wer Passau verstehen will, kommt hierher: Am Turm sind die Hochwasserstände markiert, 2013 galt hier zuletzt „Land unter" und alle packten beim Aufräumen mit an: Einheimische wie auch Besucher. Und dabei machen Donau, Ilz und Inn keinen Unterschied zwischen Gott und Teufel: Herrscht Hochwasser, sind Höll- als auch Pfaffengasse gleichermaßen überschwemmt.

Ins Land der Sagen geht es im Rathaus. Der *große Saal (Ostern–Sept. Mo–Fr 9–12, 12.30–17, Sa, So 10.30–15.30 Uhr, Okt.–Ostern Mo–Do 9–12, 12.30–17, Fr bis 16, Sa 10.30–17 Uhr | Eintritt 2 Euro)* ist mit Wandgemälden des Nibelungenlieds geschmückt. Hörenswert ist mit 23 Glocken Bayerns größtes *Glockenspiel (Mo–So 10.30, 14, 15.30 Uhr)*, das 88 Melodien kennt. *Schrottgasse*

Mit Wandmalereien außen und innen erzählt das Rathaus die Geschichte

RESIDENZ

Am Residenzplatz im Barockbau der Neuen Bischöflichen Residenz (1771) lohnt schon das Rokoko-Stiegenhaus einen Blick. Die Alte Residenz in der Zengergasse, die Residenz- und *Domplatz (Wochenmarkt Sa 7–14 Uhr)* verbindet, ist heute Landgericht.

RÖMERMUSEUM

Das kleine, aber feine Museum auf den Fundamenten des Kastells Boiotro liegt versteckt in der Innstadt von Passau. *März–Nov. Di–So 10–16 Uhr | Eintritt 4 Euro | Lederergasse | www.stadtarchaeologie.de*

VESTE OBERHAUS ★

Was für eine Trutzburg! Die Veste (1219) hoch über dem Zusammenfluss von Ilz und Donau thronend ist Europas größte Burganlage. 1298, 1367 und 1387 erhoben die Bürger sich gegen die Fürstbischöfe. Frieden kehrte 1443 mit einem Schiedsspruch ein, durch den die Passauer deren Oberherrschaft anerkannten. Die Säkularisation 1803 führte zur bürgerlichen Selbstverwaltung. Neben Kunstausstellungen zeigt das *Oberhausmuseum (Mitte März–Mitte Nov. Mo–Fr 9–17, Sa, So 10–18 Uhr | Eintritt 5 Euro | www.oberhausmuseum.de)* Geschichtliches zu Salzhandel, Handwerk und Rittertum. Einen tollen Blick über die Stadt haben Sie von der von Wehrmauern gerahmten Terrasse aus, der Batterie Linde. Ein Bus pendelt ab 10 Uhr halbstündlich zwischen Rathausplatz und Georgsberg.

WALLFAHRTSKIRCHE MARIAHILF

Ein weiteres Wahrzeichen Passaus neben dem Dom ist die 1624–27 erbaute Kirche am rechten Innufer. 1683 betete hier Kaiser Leopold I. bei der Belagerung Wiens durch die Türken. Die Befreiung glückte mit dem Schlachtruf „Maria hilf!" Und so wurde die Mariahilf-Ikone das Staatsgnadenbild der Habsburger Monarchie. Was wie ein senkrecht zum Kloster führender Balken aussieht, ist das Dach über die 321 Stufen der Wallfahrerstiege. Hier haben Sie einen schönen Blick auf die Stadt. *Mariahilfberg*

ESSEN & TRINKEN

ALTES BRÄUHAUS

Deftige Brotzeiten, Suppen und Pfandl-Gerichte bietet das junge und dennoch urbayerische Lokal an der Hängebrücke. Man isst in jahrhundertealten Gewölben oder draußen unter Ahornbäumen an Straßentischen. Kabarett- und Liederabende stehen auf dem Programm. *Tgl. | Bräugasse 5 | Tel. 0851 4 90 52 52 | altes-braeuhaus.de* | €

BRAVES MÄDCHEN

Primebeef und Burger gibt es in diesem urbanen Restaurant. „Big Berta" mit 220g-Patty ist was für den Riesenhunger. *Mi–Sa 17–1 Uhr, So ab 10 Uhr Brunch | Höllgasse 24 | Tel. 0851 96 66 85 41 | www.bravesmaedchen.de* | €€

CAFEBAR

Muttis, Studis, Touris: Immer ist hier volles Haus. Kein Wunder, der Cappuccino (mit Croissant) ist so lecker wie der Apero (mit Antipasti) und dazu sitzen Sie zwischen Schaffell und Design gemütlich-kultig. *Tgl. | Schustergasse 7*

CULINARIUM

Unter alten Holzdecken werden im Feinschmeckerlokal mediterran-tunesische Spezialitäten serviert: Köfte, Sesam-Cannelloni oder geeiste Suppen. *So, Mo und mittags geschl. | Lederergasse 16 | Tel. 0851 98 90 82 70 | www.culinarium-passau.de* | €€€

STIFTSCHENKE

Sehenswertes Ambiente im Kellerlokal; erlesene Stiftsweine, gediegene Speisen und der versteckt-verträumte INSIDER TIPP Gastgarten runden das Bild ab. *Mi geschl. | Heiliggeistgasse 4 | Tel. 0851 26 07 | www.stiftskeller-passau.de* | €€

ZUR TRIFTSPERRE

Die familiär-schlichte Pension *(22 Zi. | €)* im Naturschutzgebiet Halser Ilzschleifen hat eine Sonnenterrasse und einen Biergarten, den auch die Passauer wegen der INSIDER TIPP Forellen gern ansteuern. *Mo geschl. | Tel. 0851 5 11 62* | €

FREIZEIT & SPORT

Einfach reinsitzen und bequem Fotomotiv um Fotomotiv vorbeiziehen lassen bei der wildromantischen Fahrt mit der

Auf der Hängebrücke Mariensteg bei Wernstein zwischen D und Ö pendeln

Ilztalbahn (Mai–Okt. Sa, So | Hin- und Rückfahrt 19 Euro | ilztalbahn.eu) in den Bayerischen Wald und nach Freyung.

Stadtstrände sind überall „in", In Passau ist der Sandabschnitt am Inn nahe des Stauwerks aber noch ein Geheimtipp. Kiosk oder Toilette gibt es nicht, dafür kann man hier in Ruhe auf das Wasser gucken oder grillen, die Stadt hat allerdings ein Badeverbot wegen der starken Strömung verhängt. Einfach dem Innradweg Richtung Ingling folgen und nach einer kleinen Abzweigung Ausschau halten. Auch an der Ortsspitze liegt auf der Innseite ein Stück Strand: malerischer Sonnenuntergang bei gutem Wetter!

Eine von vielen schönen Radtouren führt ab Passau bis ins österreichische Schärding. Ein Rad können Sie sich bspw. bei *Zweirad Würdinger (Regensburger Str. 22 | www.wuerdinger.de)* leihen, einen Tag vorab reservieren lassen via *passau@wuerdinger.de*. Von der Altstadt radeln Sie an der Innpromenade über Neuhaus bis nach Schärding (ca. 21 km) mit Blick zurück auf das Schloss Neuhaus – Traumpanorama garantiert. Die Strecke führt durch den Wald, vorbei an Blumenwiesen, romantischen Häuserzeilen, am Wasser entlang – wer hier radelt, schaltet einfach ab. Über den Mariensteg radeln Sie zurück nach Passau (18 km), legen zwischendrin aber noch eine Jause im Garten des INSIDER TIPP *Mostausschanks Unterer Inn (April–Sept. Di–So 13–22 Uhr | Hofötz 7)* bei Wernstein ein. Wer länger bleiben will: die Apartments (6) des *Mosthäusls (Innstr. 15, Wernstein a. I. | Tel. +43 676 6 60 89 99 | www.mosthaeusl.at | €€)* sind ein schöner Übernachtungstipp.

AM ABEND

Beschwerden und Luxussanierung bedrohen immer wieder das Nachtleben, etwa den Szeneclub *Camera (Ludwigsplatz)* oder den Salsaladen *Cubana (Roßtränke 9)*. Feiersicher, aber am Wochenende auch voll sind *Go (Kleine Klingergasse 7)* und *Cuteroom (Dr.-Hans-Karpfinger-Str. 14).* In der Musikbar *Colors (tgl. | Mariahilfstr. 8 | www.colors-passau.de)* legen DJs auf, sonntags wird der Tatort auf Leinwand gezeigt. INSIDER TIPP Jeder kann sein eigenes Grillgut mitbringen und auf die Holzkohle im Biergarten legen. Nur die Getränke müssen Sie vom Wirt abnehmen.

Revoluzzer sind im ★ *Scharfrichterhaus (mittags und So geschl. | Milchgasse 2–4 | Tel. 0851 3 59 00 | www.scharfrichterhaus.de)* daheim, seitdem Sigi Zimmerschied 1976 für Wirbel in der Domstadt sorgte: In seinem Stück „Himmelskonferenz" war u.a. Jesus bekifft und der Heilige Geist betrunken. Wegen Gotteslästerung zeigte der Bischof den Kabarettisten an – am Ende wurde er doch freigesprochen. Der Ort, an dem früher das Wohnhaus des Scharfrichters stand, ist zur Brutstätte deutschen Kabaretts geworden: Bruno Jonas, Dieter Hildebrandt, Ottfried Fischer fingen hier an. Die *Kabarettwoche* im Herbst ist ein Highlight – so wie auch die österreichisch-böhmische Küche.

ÜBERNACHTEN

CULTELLUS

Das schmale, behutsam sanierte Haus liegt versteckt, und das ist gut so. Die fünf Zimmer – eines davon eine Maisonette mit Dachterrasse – sind gefragt, auch wegen des guten Service und der hausgemachten Frühstücksmarmelade. *Kleine Messergasse 12 | Tel. 0160 94 64 18 29 | www.hotelcultellus.de* | €€

DAS HORNSTEINER

In dieser coolen Pension direkt am Dom gehen Künstler wie Willy Astor ein und aus, genießen frisch gebackenen Kuchen und Quiche im *Gartencafé (tgl. 8–18 Uhr).* Wer Balance sucht: Mit der hiesigen INSIDER TIPP Yogaschule gibt es Arrangements, dazu steht im Innenhof

Im Dreieck des Wohlgefühls: Therme in Bad Füssing, der südlichen Spitze des Bäderdreiecks

ein modernes Saunahaus. *6 Zi., 7 Apts. | Steinweg 14 | Tel. 0151 27 00 79 93 | dashornsteiner.de | €€*

KULTUR-JUGENDHERBERGE

Schon allein wegen der erhabenen Lage als Teil der Veste Oberhaus lohnt sich eine Übernachtung in der Herberge. Rapunzelfeeling bietet der Turm mit Blick auf die alte Burganlage. Darin befindet sich auch eine Sternwarte, wo Sie eine „Nachtwanderung ins All" erleben können. *129 Betten | Oberhaus 125 | Tel. 0851 49 37 80 | short.travel/bay2 | €*

MORGENTAU

Ein Boutiquehotel mit modernem Design in alten Gemäuern aus dem Jahr 1870 – und direkt am Wasser gelegen. *15 Zi. | Bräugasse 19 | Tel. 0851 49 09 55 99 | www.morgentau-passau.de | €€*

AUSKUNFT

PASSAU TOURISMUS E. V.

Rathausplatz 2 | Tel. 0851 95 59 80 | www.passau.de

ZIELE IN DER UMGEBUNG

ALDERSBACH (126 B1–2) (*K11*)

Die Gebrüder Asam gestalteten die Klosterkirche der mittelalterlichen Zisterzienserabtei von Aldersbach (4500 Ew.) von 1705 bis 1734 zu einem Rokokokleinod. Sie ist derzeit bis voraussichtlich 2024 wegen Renovierungsarbeiten nicht zu besichtigen. Zu Führungen inklusive einer Maß Bier *(Ostern–Allerheiligen tgl. 13.30 Uhr, im Winter n. Vereinb. | Brauerei 9 Euro, mit Kloster 11 Euro)* durch die Anlage können Sie sich im Klosterladen *(Freiherr-von-Aretin-Platz 1 | Tel. 08543 96 04 33)* anmelden. Danach geht's in Bräustüberl oder Kastaniengarten *(Nov.–Ostern So geschl. | www.aldersbacher.de)*. Die Brotzeit bringt man sich hier traditionell selbst mit. *25 km von Passau*

BÄDERDREIECK

Der Staub muss weg, der Glanz wieder her. Die Kurorte Bad Füssing (6900 Ew.) **(127 D5)** (*L–M14*), Bad Griesbach (8400 Ew.) **(126 C3–4)** (*L13*) und Bad Birnbach (5500 Ew.) **(126 B4)** (*K13*) sind zwar immer noch angereichert mit Wellness, Golf und Ruhe – doch Design, Modernität und Charme machen sich mehr und mehr breit. Dafür sorgen Orte wie *Die Hecke (Mo. geschl. | Eitlöd, Bad Füssing | Tel. 08531 31 07 30 | www.diehecke.de | €€)*. Craft-Bier mit Mandarine wird hier gebraut, dazu gibt es Spareribs oder Gourmetküche. Ob Biergarten, Weinkeller oder Skybar – Qual der Wahl lautet das Motto. Highlight im Meer der Übernachtungsangebote ist das Fünfsterne-Golfhotel *Maximilian (208 Zi. | Kurallee 1 | Tel. 08532 79 50 | €€€)* mit modernen Suiten und einer Wellnesslandschaft, die einen vor die schwierige Frage stellt: In welchen Pool springe ich zuerst? In Designmagazine hat es das *Hofgut Hafnerleiten (15 Zi. bzw. Häuser | Brunndobl 16, Bad Birnbach | Tel. 08563 91 51 1 | www.hofgut.info | €€€)* mit Baum-, Wasser-, Boots-, Hanghaus und so einigem mehr geschafft. Abends essen alle Gäste an der Familientafel. In Bad Griesbach bietet die *Wohlfühltherme (tgl. 8–21 | Eintritt 6,90–17,40 Euro | Thermalbadstr. 4 | Tel. 08532 96 150 | www.wohlfuehltherme.de)* ein Hamam. Für Samthaut sorgt die zusätzliche Massage. Dienstags ist Frauentag. *30 km von Passau*

JOCHENSTEIN (125 E5) (*P12*)

Im Weiler am Donauradweg liegt Deutschlands größtes Flusskraftwerk, das *Flusskraftwerk Passau–Ingling*. Zu den Attraktionen des Umwelterlebniszentrums *Haus am Strom (Mai–Mit-*

te Sept. tgl. 9–18 Uhr, Mitte Sept.–April Di–So 10–17 Uhr | Eintritt 5 Euro | www.hausamstrom.de), das in Form einer Welle gestaltet ist, gehören eine Eishöhle, der Ritt auf einem Stör oder die Fahrt als Kapitän auf einem Donauschiff sowie Wassermusik und Donaukino. Außerdem fährt hier der weltweit einzige mit Wasser betriebene Aufzug. Zehn Minuten auf dem Radweg donauabwärts bei der Schleuse liegt der Gasthof INSIDER TIPP *Kornexl (Di geschl., Mo, Mi und Do nachmittags geschl. | Tel. 08591 18 02 | www.gasthaus-kornexl.de | €€)* mit ausgezeichneten Fischgerichten sowie sechs Gästezimmern *(€€)*. *25 km von Passau*

OBERNZELL (125 D5) *(🕮 O11)*
Die Fürstbischöfe bauten ihre gotische Wasserburg in Obernzell (4000 Ew.) im 16. Jh. zum Renaissanceschloss aus. Sehenswert sind der Rittersaal und das *Keramikmuseum (April–Jan. Di–So 10–17 Uhr | Eintritt frei)*. Seit dem Abriss einer benachbarten Lederfabrik, deren Gelände jetzt zum Schloss gehört, ist ein großzügiger Park mit Schach, Boule, Murmelspieltisch, überdachter Bühne, Spielmöglichkeiten für Kinder und mehr entstanden. Am Schloss startet das Nostalgieboot *Donauarche (April–Okt. | ab 13 Euro | www.donauarche.de)* zu Rundfahrten. Flussabwärts können Sie gut nach Jochenstein wandern. *15 km von Passau*

ORTENBURG (126 C2) *(🕮 L11–12)*
Bundesweite Bekanntheit erlangte der Ort (7000 Ew.) als „Falkenau"-Kulisse für Fernsehförster Rombach und seine Nachfolger. Aber Ortenburg, eine evangelische Enklave im erzkatholischen Niederbayern, bietet auch Naturerlebnisse wie Süddeutschlands größten *Vogelpark Irgenöd (März–Nov. tgl. 9–18 Uhr | Eintritt 6 Euro | www.vogelpark-irgenoed.de)* mit über 1000 Tieren aus 200 Arten sowie im *Wildpark (Mitte März–Nov. tgl. 9–18 Uhr | Eintritt 6 Euro | www.wildpark-ortenburg.de)* beim Schloss. Der stille INSIDER TIPP *Wolfachradweg* auf einer ehemaligen Bahntrasse verbindet Ortenburg mit Vilshofen und führt durch eine idyllische Flusslandschaft mit sanften Hügeln und vielen Entdeckungen zu Kultur und Brauchtum der Region. Dass Sie die Hälfte der 11,4 km geschafft haben, erkennen Sie an dem Grenzstein beim Mühlenhof. *15 km von Passau*

RANNASEE (125 E5) *(🕮 P11)*
Der lang gezogene Naturbadesee südlich von Wegscheid auf der Grenze zu Österreich ist sehr beliebt. In der Mitte liegt die idyllische Liebesinsel, drum herum gibt es Beachvolleyballfeld, einen Abenteuerspielplatz und einen Tretbootverleih. Wem zu viel Trubel herrscht: Zwei Kilometer weiter liegt der INSIDER TIPP *kleine Rannasee*, auch Mauseloch genannt. *30 km von Passau*

LOW BUDG€T

Idyllisch im Grünen und doch zentral liegt der *Zeltplatz Ilzstadt (Mai–Okt. | Halser Str. 34 | Tel. 0851 41457)* der Kanuabteilung des SV Passau, wo Sie günstig (9,50 Euro) übernachten. Die Anlage hat ein Sanitärgebäude. Auf Wunsch gibt es sogar Frühstück.

Deutschlands erstes Kabinenhotel, das *Rotel-Inn (100 Zi. | Haissengasse 10 | Mai–Okt. Tel. 0851 95160 | www.rotel-inn.de)* in Passau, liegt zentral und ist günstig (25 Euro p. P.). Die Zimmer sind so breit wie das Bett, also 1,5 m, und 4 m lang. Frühstück (6 Euro) gibt es auf der Donauterrasse.

Ortenburgs Wildpark hat gar nicht so wilde Bewohner

WALDKIRCHEN

(125 D2) (🗺 O9) **WaKi. Liebevoll klingt er, der Spitzname der Einheimischen für ihre Stadt (10500 Ew.) am Goldenen Steig.**

Im Mittelalter trafen sich hier Säumer, Handelsreisende und Adelige zu den Märkten. Der *Wochenmarkt (Do 7.30–12 Uhr | Marktplatz)* findet immer noch statt, dazu als Reminiszenz an die Geschichte das *Marktrichterfest (Frühsommer)*, die *Dreschersupp'n (zweiter Sa im August)* und die *Raunacht (5. Jan.)*. Unter den Besuchern sind heute neben Einheimischen auch Münchner, Möchtegerns und Mädelsrunden, die erst die neusten italienischen Labels shoppen, dann geht's auf zur Wanderung, Schnaps- und Brotzeitpause inklusive, abends nach einem bissl Wellness noch in den Biergarten.

SEHENSWERTES

EMERENZ-MEIER-HAUS

Das Geburtshaus der für ihre Zeit emanzipierten Heimatdichterin Emerenz Meier (1874–1928) beherbergt auch das Landgasthaus *Zur Emerenz (Mo, Di geschl. | Tel. 08581 989190 | www.wirtshaus-zur-emerenz.de | €€€)*, das Gourmets empfehlen und die Einheimischen schätzen. *Mi–So 11–20 Uhr | Eintritt 4 Euro | Dorfplatz 9 | Schiefweg*

KAROLI-KAPELLE

Am Ende der Lindenallee aus dem 17. Jh. liegt das Kirchlein (18. Jh), das dem hl. Karl Borromäus gewidmet ist. Spaß für Kinder ist das Wasserspiel Aquasonum, das es gilt zum Klingen zu bringen.

MUSEUM GOLDENER STEIG

Wissenswertes zur alten Handelsroute für Salz und andere Waren ist in einem Wehrturm dokumentiert. *Mai–Okt. Sa, So 14–17 Uhr | Eintritt 1,50 Euro | Büchl 22*

RADABWEISER

Mit einem einsamen Hochzeiter am oberen Marktplatz, dem „Stoanernen Hans" nahm diese Besonderheit der Stadt im 19. Jh. ihren Anfang. 1972 kam die „Stoanerne Gretl" gegenüber am Modehaus dazu – es sind bemalte Granitsäulen, die früher die Häuserecken vor Kutschen und deren Rädern schützen sollten. Seit 1999 ist die Familie um sieben weitere Mitglieder angewachsen.

Dieser Herr heißt Hans und ist Radabweiser in Waldkirchen

SAUSSBACHKLAMM ★

(125 D3) *(🕮 O10)*

Moosbewachsene Felsen, gurgelnde Quellen und Bäume wie aus dem Feenwald: Wenn der Wildbach rauscht, geht das Herz auf – so schee! Einstieg hinterm Hotel Michel & Friends, danach den Schildern folgen. Via Urwaldpfad erreichen Sie die INSIDER TIPP Haller-Alm *(tgl. 12–18 Uhr | Tel. 08581 8753)*. Die Wirtsfamilie Auer setzt auf Hochprozentiges: Bärwurz, Waidlergeist, Enzian, Arberwasserl ... Wer kulinarische Mitbringsel sucht, wird bei *Bogners (Mo, Di, Do, Fr 8–18 Uhr, Mi, Sa 8–13 Uhr | Saußmühle 2 | www.bognersbio.de)* in der alten Mühle fündig. Viele der Köstlichkeiten wie Brotaufstriche, Obstbrände oder Sugos sind vegan, alles bio – das schlechte Gewissen hat selbst beim Süßkram Pause. Verpassen Sie nicht den reschen Dinkelflammkuchen im Bistro!

ST. PETER UND PAUL

Bayerwald-Dom nennen die Einheimischen das neugotische Kirchenschiff aus Granit mit 67 m hohem Spitzturm. Es ist das größte des Bayerischen Walds (65 m lang, 34 m breit). *Marktplatz*

ESSEN & TRINKEN/ ÜBERNACHTEN

HOTEL GOTTINGER

Im Traditionshaus gibt's immer was Neues: Die Zimmer sind renoviert, neu ist auch der Wellnessbereich mit Dampfbad. Wunderschön ist der alte Kastaniengarten, in dem auch drei ausgebaute Weinfässer stehen. In diesen wird Verliebten – oder solchen die es werden wollen – ein romantisches Drei-Gänge-Dinner serviert. *20 Zi. | Restaurant tgl. |*

Hauzenberger Str. 10–12 | Tel. 08581 98 20 | www.hotel-gottinger.de | €€

GUT RIEDELSBACH

Den Brauereigasthof in Neureichenau mit Brauereimuseum und 600 m² Wellnessbereich nennt Hotelchef Bernhard Sitter, erster Biersommelier Deutschlands, stolz das „erste Bier- und Wohlfühlhotel der Welt". Entsprechend sind im Restaurant Biergulasch und Biersenfschnitzel sowie saisonale Menüs natürlich ein Muss. *46 Zi. | Restaurant tgl. ab 14, Fr, So ab 11 Uhr | Tel. 08583 96 04 0 | www.gut-riedelsbach.de | €*

JOHANNS

Auf der Ebene 4 des Modehauses Garhammer, umgeben von viel Glas und mit tollem Ausblick, serviert Michael Simon Reis kosmopolitische Haute Cuisine aus regionalen Zutaten. *So geschl. | Marktplatz 28 | Tel. 08581 2 08 20 00 | www.restaurant-johanns.de | €€*

REITERHOF NIGL

In vollem Galopp in den Urlaub! Mit der Kutsche, im Winter per Pferdeschlitten, bringt man Sie zum Reiterhof samt Kunstschmiede in Frischeck. Nachts sorgen Lagerfeuer und danach ein Nap im Himmelbett für Tiefenentspannung. *15 Zi. | Frischeck 4 | Tel. 0171 8 74 25 51 | €*

RESORT REUTMÜHLE

Kinderfreundliche Ferienanlage mit Loipen vor der Tür und Skipiste im Wintersportgebiet Oberfrauenwald. *140 Zi. | Frauenwaldstr. 7 | Tel. 08581 20 30 | www.reutmuehle.de | €€–€€€*

EINKAUFEN

Überregional bekannt ist das Modehaus *Garhammer (Marktplatz 28 | www.garhammer.de)* mit internationalen Marken. Besonderes Mitbringsel von hier: Die INSIDER TIPP *Gusspfannen* von Josef Kindermann *(Hammerweg 2 | Tel. 08581 6 02).* Handgefertigt und richtig urig.

FREIZEIT & SPORT

Im *Kletterwald (Ostern–Juni nur mit Anm., Mitte Sept./Okt. Fr 14–18, Sa/So ab 10 Uhr, Juli–Mitte Sept. tgl. 10–19 Uhr | 20 Euro | Jandelsbrunner Str. 36 | www.kletterwald-waldkirchen.de)* führen sechs Parcours: Für alle Altersgruppen und jedes Fitnesslevel ein Erlebnis sind die Hängebrücken. Salzwasser auf der Haut und das mitten in Bayern! Gibt's im mediterranen *Badepark (tgl. 10–20 Uhr, Okt.–Juni Di, Do bis 22 Uhr | Eintritt 4 Euro | Vdk-Heim-Str. 1)* am Hausberg Karoli. Jeden Samstag *(8–10 Uhr)*, im Sommer öfter *(Do–So ab 18 Uhr)*, ist INSIDER TIPP Schnuppertauchen.

AM ABEND

Bistro und Bar für alle ist das *Herzstück (Mo–Su 9–24 Uhr, So 11–23 Uhr | Marktplatz 19 | www.herzstueck-waldkirchen.de)* am Marktplatz, in der mit Liebe die Nachtschwärmer versorgt werden. Tanzwütige treffen sich am Wochenende in der Disko *Lobo* mit dem angeschlossenen Tanzlokal *La Quinta (Sa und vor Feiertagen ab 20.30 Uhr | Holzfeldstr. 3).*

AUSKUNFT

TOURISMUSBÜRO

Marktplatz 17 | Tel. 08581 194 33 | www.urlaub-in-waldkirchen.de

ZIELE IN DER UMGEBUNG

BREITENBERG (125 F3) *(Q9–10)*

Obwohl Mittelpunkt der „Neuen Welt", ist der Ort (2200 Ew.) mit seiner barocken Pfarrkirche nicht überlaufen. Einheimische lieben den Einkehrschwung in die *Kaiser Alm (Mo–Mi 11–18, Do–Sa bis 23, So bis 21 Uhr, außerhalb des Loipenbetriebs Mo, Di geschl. | Obernstein 10 | Tel. 08584 9 89 99 80 | www.kaiseralm.net | €)* in Jägerbild. Breitenberg gehört zum Wintersportzentrum. Dessen alpine Teile sind *Schwarzenberg* und *Hochficht*, nordisch sind Sie in *Sonnen* und *Wegscheid* unterwegs. Die Webertradition halten das *Webereimuseum (Mai–Okt. Mi, Sa, So 11.30–16.30 Uhr | Eintritt 3 Euro | Ortsteil Gegenbach)* in drei Bauernhäusern und die *Handweberei Moser (Säumerweg 2 | Wegscheid | www.handweberei-moser.de)* lebendig. Die alte *Hammermühle* (1768) am Michelbach ist ein Denkmal aus vorindustrieller Zeit. *21 km von Waldkirchen*

Betätigen Sie sich als Grenzgänger und kosten Sie die Mühlviertler Schmankerl im 6 km entfernten **INSIDER TIPP** *Gasthof Greiner (Di, Mi geschl. | Tel. +43 72 88 82 02 | www.gasthof-greiner.at | €€)* im österreichischen Kohlstatt. In Neureichenau (13 km nördlich von Breitenberg) übernachten Sie beim *Projekt Herzenspferde (Branntweinhäuser, Tel. 08583 97 18 86 | www.herzenspferde.de | €)* zwischen Ponys und Huskys im Tipi.

DREIBURGENLAND
(124 A–B2) *(M9)*

Die drei Burgen, die der Region den Namen gaben, sind vom Tittlinger *Blümersberg* aus zu sehen. In der *Saldenburg (Ritter-Tuschl-Str. 20 | Saldenburg | Tel. 08504 16 55 | www.saldenburg.jugendherberge.de)* von 1368 ist eine Jugendherberge untergebracht. Die *Englburg* aus dem 11. Jh., einst Adelssitz, ist wie Burg *Fürstenstein*, ebenfalls aus dem 11. Jh., in Privatbesitz. Die *Beschützerin des Dreiburgenlands*, eine riesige Madonna, hat Schrottkünstler Karl Mader im Rahmen eines Kunstprojekts am Blümersberg aufgestellt. Außerdem befindet sich mitten in der Blumenwiese ein Labyrinth aus Granit.

Wenn der Schnee dick auf den Dächern liegt, wirkt das *Museumsdorf (tgl. 9–17 Uhr | Eintritt 7 Euro, im Winter Zugang über das Drehkreuz 2 Euro | Führungen n. Anm. unter Tel. 08504 4 04 61 | www.museumsdorf.com)* in Tittling wie aus der Zeit gefallen. Original mit Spindel, Webstühlen und Krügen versehene Wohnräume machen die alten Zeiten (17.–19. Jh.) greifbar. Für Einkehr und Abendprogramm ist das Wirtshaus *Mühlhiasl (April–Okt. tgl. 10–18 Uhr | Tel. 08504 83 34 | €–€€)* eine gute Adresse.

Wenn Sie es richtig ruhig mögen, nur mit Eichhörnchen als Nachbarn und Seeblick am Morgen, schauen Sie beim *Seehof Tauer (28 Zi. | Seestr. 20 | Tittling | Tel. 08504 760 | www.seehof-tauer.de | €€)* am Dreiburgensee vorbei. Baden, Bootstour, Wellness und ein romantisches Picknick am Ufer lösen sich hier in Reihe ab, abends kommen Sie in der Sonnenstube am Kaminfeuer über das 4-Gänge-Menü ins Schwärmen. *Tittling liegt 25 km von Waldkirchen entfernt.*

Der *Landgasthof zum Müller (12 Zi. | Restaurant Di, Mi geschl. | Passauer Str. 16 | Tel. 08509 12 24 | www.landgasthof-zummueller.de | €€)* im nahe gelegenen Ruderting (11 km südlich von Tittling) lockt mit seiner raffiniert-rustikalen, saisonalen Küche und dem lauschigen Biergarten.

DREISESSEL (125 F1) *(Q8)*

Das granitene, durch Eiszeitkräfte bizarr geformte Massiv (1330 m) erinnert an drei Throne, von denen aus die Regenten von Bayern, Böhmen und Österreich einst ihre Ländergrenzen gezogen haben sollen. Vom Parkplatz führt ein sanfter Aufstieg in etwa 20 Minuten nach oben. *25 km von Waldkirchen*

FÜRSTENECK (124 C2) (*N9*)
Der Sage nach lungern gerne Geister in diesem Jagdschloss (12 Jh.), das heute in Privatbesitz ist. In der INSIDER TIPP Spuknacht gruseln Sie sich zwischen Kerzendinner und der Geisterjagd durch alte Gemäuer (Termine unter *www.spuknacht.com*). Tagsüber bietet die *Schlossgaststätte Fürsteneck (10 Zi. | Restaurant Di geschl. | Tel. 08505 1473 | www.schloss-fuersteneck.de | €)* echte Ritterkost. *15 km von Waldkirchen*

HAUZENBERG (125 D3) (*O10*)
Sprichwörtlich steinreich ist der Luftkurort (12 000 Ew.) 5 km entfernt: Grafit und Granit sorgten in früheren Jahren dafür. Das *Granitzentrum (Mai–Okt. 10–18, Jan.–Mai 10–16 Uhr | Eintritt 6 Euro | Passauer Str. 11 | www.stein-welten.de)* erklärt die Geschichte und den Abbau. Unter Tage fahren Sie im Bergwerk Graphit *Kropfmühl* (s. S. 105). Rund dank ordentlichen Umdrehungen im Probierglas geht es im *Schnaps-Museum (Mo–Fr 9–17, Sa 9.30–11 Uhr, Mai–Sept. Sa bis 12 Uhr | Industriestr. 18)*. Die Familie Penninger und ihr Blutwurz haben Tradition – ein Nickerchen können Sie im Kräutergarten einlegen. Oder gleich über Nacht bleiben: Schlafen Sie im *Naturhotel Gidibauer-Hof (19 Zi. | Restaurant Mo geschl. | Grub 7 | Tel. 08586 96440 | www.gidibauer.de | €€)*, einem Vierseithof (1747) mit ausgezeichneter Küche. Klasse: das Überraschungsmenü. Günstig und garantiert mit einer traumhaften Aussicht ist das Essen im familienfreundlichen Berg-gasthof *Sonnenalm (Mo, Di geschl. | Geiersberg 8 | Tel. 08586 4794 | www.sonnenalm-liebl.de | €–€€)*, wo freitags das Grillmenü Fans anlockt. Während der Saison im Sommer kühlen Sie sich im Freudensee ab – im Winter packen Sie die Schlittschuhe aus. *12 km von Waldkirchen*

Im nahen Büchlberg bietet das *Wellnesshotel Stemp (55 Zi. | Goldener Steig 24 | Tel. 08505 9167900 | www.landhotel-stemp.de | €€€)* Badeteich, Infinity-Pool, dazu Zumba und Fackeltouren.

Detailverliebte Gemütlichkeit in rustikalen Mauern: im Naturhotel Gidibauer-Hof

NATIONALPARK

Wenn Sie den Wald vor lauter Bäumen nicht sehen, stehen Sie mittendrin: in Deutschlands ältestem Nationalpark. Wer jetzt nur an Tannen, Fichten und Buchen denkt, liegt falsch. Das 243 km² große Grenzland ist ein echter Brennpunkt, im besten Sinn. Zum einen schlägt hier das „gläserne Herz" der Republik, die Flammen in den Glashütten lodern und die Firmen exportieren Kristallgläser in 120 Länder. Zum anderen wird zwischen Finsterau, Bayerisch Eisenstein und der Grenze zur Tschechischen Republik jede Menge Schnaps gebrannt.

Zusammen mit dem angrenzenden, fast dreimal so großen böhmischen Šumava stellte die Unesco 1990 die Waldflächen als „grünes Dach Europas" unter Schutz. Wer herkommt trifft auf viel Natur, Ruhe – einen echten Sehnsuchtsort für eine Auszeit. Lehrpfade, Wald-Trails sowie Biohotels werden weiter ausgebaut und vermehrt. Der Nationalpark ist ein Eldorado für Bergfexe, Mountainbiker und Kanuten im Sommer, im Winter für Langläufer und Schneeschuhwanderer, die sich auf 320 km markierten Wanderrouten, 200 km Radwegen und 170 km Loipen austoben können.

Während die deutsche Seite mit Bilderbuchpanoramen wie dem Rachelsee mit seiner Holzkapelle oder den im Kleinen Arbersee schwimmenden Grasinseln aufwartet, wirkt die Atmosphäre auf der tschechischen Seite düsterer: stille Moore, verlassene Dörfer und einsame Hochebenen, die den Blick freigeben. Der wilde Oberlauf der Moldau, die hier ent-

 Bild: Morgennebel im Nationalpark

Hier wird aus Forst wieder Urwald: Unter dem Grünen Dach Europas erleben Urlauber ein einzigartiges Schauspiel der Natur

springt, soll Bedřich Smetana zu seiner sinfonischen Dichtung inspiriert haben. Auf dem 1382 m hohen Boubin ragen die ältesten Baumriesen des Böhmerwalds empor. Licht und Schatten nie weit voneinander entfernt.
Der Wandel ist stetig, seit die Regierung den einstigen Wirtschaftswald zwischen Rachel und Lusen 1970 zum Nationalpark deklarierte. Bis 2027 sollen die Naturzonen um 75 Prozent erweitert werden. Anrainer sind davon wenig begeistert: die Flächen werden so jedem menschlichen Einfluss entzogen, wettern sie. Das sei Verschwendung, u.a. an den Borkenkäfer, der seit Jahren sein Unwesen treibt. Orkan „Kyrill" richtete 2007 in Šumava 800 000 und im Bayerwald 180 000 m^3 Windwurf an, so die Fachsprache. Und „Emma" tobte 2008. Der Lusen bleibt mit seinen silbergrauen Fichtenskeletten Abschreckungsbild als Folge von saurem Regen und Käferfraß: Wie ein Riesenmikado staken die toten Stämme gen Himmel. Doch wer auf den 1373 m hohen Lusengipfel wandert, sieht auch: Zwi-

schen den Stämmen beginnt die Pflanzenwelt wieder zu sprießen.
Naturschutz sollte hier in dieser Region selbstverständlich sein. Seien Sie also achtsam, bleiben Sie auf den markierten Wegen und lassen Sie Ihr Auto am besten stehen und düsen mit den gasbetriebenen sogenannten Igelbussen (s. Kasten S. 79) von Ort zu Ort. Von Mitte Mai bis Oktober sind sowieso alle Stichstraßen für Autos gesperrt. Zentrale Anlaufstellen, an denen es Wanderkarten gibt und Infos zu geführten Aktivitäten sind die Touristinformationen in Grafenau und Zwiesel. Die Nationalparkverwaltung *(www.nationalpark-bayerischer-wald.de)* bietet zahlreiche Führungen an, das Spektrum reicht vom Kinderprogramm über Ultra-Trails bis hin zu meditativen Wanderungen. Viele sind kostenlos. *Anmeldung bis zum Vortag unter Tel. 0800 0776650 | Infos unter short.travel/bay17*

GRAFENAU

(120 C6) *(M8)* **Weder Pest, Brände noch Panduren konnten die älteste Stadt (8700 Ew.) im Bayerischen Wald (Stadtrecht seit 1376) unterkriegen.**

Erinnert an den Handel mit der kostbaren Ware Salz: das Grafenauer Säumerfest

Stark wie ein Bär trotzte sie allem, trägt das Tier bis heute im Wappen. Der Salzhandel machte Grafenau an der Kleinen Ohe einst reich, der Titel Luftkurort (seit 1965) schließlich zum Urlaubermagneten. Die *Gratisführung (jeden Di 11 Uhr, Anm. Tel. 08552 962343)* erklärt den Wandel der einstigen Handelsstadt. Das mittelalterliche *Säumerfest* am ersten Augustsamstag erinnert an die wechselhafte Geschichte.

SEHENSWERTES

BAUERNMÖBELMUSEUM

Reisen Sie in die Vergangenheit: Wie die Bürger vor 100 Jahren lebten, wird in zwei alten Häusern mit Originalmöbeln gezeigt. Obacht: Den Kopf nicht am niedrigen Türstock anschlagen! *Di–Do 10–13, Fr–So 14–17 Uhr geöffnet, Nov.–Weihnachten sowie März–Gründonnerstag geschl. | Eintritt 2 Euro | Parkweg 6, Zutritt über den Westeingang des Kurparks*

BRAUEREIFÜHRUNG

Braumeister Stefan Gaisbauer führt Sie zwischen Sudkesseln und Maische durch die Welt des Biermachens bei Bucher-Bräu. Wer brav aufpasst, hat sich am Ende der Führung seine „Hoibe" Bier wirklich verdient. *Di 13 Uhr | Anm. Tel. 08552 40870 | 4,50 Euro | Eisenthaler Str. 5–7 | www.bucher-braeu.de*

PFARRKIRCHE MARIÄ HIMMELFAHRT

Die seit 1904 dreischiffige Barockkirche war einst (15. Jh.) gotisch. Hinter dem Gotteshaus sind Reste der Stadtmauer und die denkmalgeschützte Spitalkirche, die noch aus dem Mittelalter stammt, zu sehen.

SCHNUPFTABAK- UND STADTMUSEUM

Den richtigen Riecher bewiesen die Museumsmacher im ehemaligen Armenspital. Es ist weltweit einzigartig und selbst Nicht-Tabak-Schnupfer lernen Unterhaltsames. Übrigens: Bis heute wird in Grafenau noch *Schmai* produziert. *Weihnachten–Feb., Ostern–Okt. Di–Do 10–13, Fr–So 14–17 Uhr | Eintritt 2 Euro | Spitalstr. 4*

ESSEN & TRINKEN/ ÜBERNACHTEN

GASTHAUS KNÖDELWEBER

Ob in der Suppe, mit Ragout, als Beilage oder Hauptgericht: Täglich kommen 14 verschiedene Knödelsorten auf den Teller. Zum Kugeln lecker! *Sa geschl. | Lichteneck 11 | Tel. 08552 746 | €*

MOOSHAM 13

INSIDER TIPP Cooles Design im alten Bauernhaus: Die Apartments mit Küche sind stylisch und können auf Paare, Familien und Cliquen zugeschnitten werden. Auf Wunsch gibt's Veggie-Frühstück an die Tür. *2 Apts. | ca. 4 km außerhalb | Tel. 08552 973152 | www.moosham13.com | €*

MARCO POLO HIGHLIGHTS

★ Steinklamm
Über Moos und Steine durch die Klamm – unberührt, rau und wunderschön → S. 81

★ Frauenau
Berühmte Glashütten und ein Glasmuseum → S. 84

★ Baumwipfelpfad
Über den Wipfeln ist die Freiheit (schier) grenzenlos! → S. 79

★ Lusen
Auf über 1000 m Höhe wächst zwischen toten Bäumen der Jungwald heran → S. 80

★ Rachelsee
Der See ist eines der bekanntesten Fotomotive im Bayerwald → S. 85

★ Bahnhof Bayerisch Eisenstein
Der Eiserne Vorhang ging mitten hindurch – der Bahnhof steht auf zwei Staatsgebieten → S. 84

Das Hans-Eisenmann-Haus ist ein Muss für Nationalparkbesucher

PAUSNHOF

Wer dem Gemüse noch Hallo sagen möchte, ehe es auf dem Teller landet, ist hier, ca. 7 km außerhalb von Grafenau, richtig: Vor zehn Jahren wurde das Hotel als erstes biozertifiziert. Heute relaxed man im Liegestuhl am Naturpool und im Solebad. *24 Zi. | Goldener Steig 7, St. Oswald | Tel. 08552 40 88 60 | www.pausnhof.de* | €€€

DAS REINERS

Der Wald findet sich hier überall: In Bildern, der Ausstattung und auf dem Teller. Familie Reiner legt Wert auf Details, so dass Sie schnell ankommen in „der guten Stube". Im Biergarten *(Mo, Di Ruhetag)* gibt es Burger und Salate. *32 Zi. | Grüb 20 | Tel. 08552 9 64 90 | www.dasreiners.de* | €€

FREIZEIT & SPORT

Mitten durchs Naturschutzgebiet führen die Kanutouren auf der Ilz. Keine Sorge: Es kentert fast keiner. Doch eine Gefahr bleibt: der Suchtfaktor ist hoch. Einstieg an der Furthsäge bei Haus im Wald 9 km südlich. Verleih und Touren über *Bohemia Tours (ab 18 Euro | Tel. 0152 54 18 45 37 | www.bohemiatours.de)*.

Im Winter heißt es an die Stöcke, fertig, los! Direkt von Grafenau bis ins Nationalparkgebiet können Sie sich auf 60 km gespurten Loipen in allen Schwierigkeitsstufen verausgaben. Einstieg am Natursportzentrum Rosenau, Verleih bei *Sport Fuchs (im Winter auch So geöffnet | Hauptstr. 16 | Tel. 08552 14 36)* in Grafenau.

Zu einem Perspektivwechsel nehmen Sie die Profis von *Flying Bears (Tel. 08552 24 75)* mit. Der Fallschirm-Tandemsprung kostet Überwindung – doch aus der Luft ist der Wald einmalig schön. *Sprungplatz Stifterstr. 26*

AUSKUNFT

TOURISTINFORMATION

Rathausgasse 1 | Tel. 08552 96 23 43 | www.grafenau.de

ZIELE IN DER UMGEBUNG

NATIONALPARKZENTRUM LUSEN

(120 C5) *(🗺 N7)*

Greifen Sie doch statt nach den Sternen mal nach den Wipfeln! In bis zu 25 Metern über dem Boden führt der

★ ● *Baumwipfelpfad (Mai–Sept. tgl. 9.30–19, April, Okt. 9.30–18, Nov.–März 9.30–16 Uhr, Einlass bis 1 Std. vor Schließung | Eintritt 9,50 Euro | www.baumwipfelpfad.bayern)* Sie über 1300 m Steglänge barrierefrei zwischen den Nadelbäumen hindurch. Highlight ist das 44 m hohe Holz-Ei, das drei alte Tannen und Buchen umgibt. Oben angekommen, können Sie den Blick bis zu den Alpen schweifen lassen.

Am Einstieg steht mit dem ● *Hans-Eisenmann-Haus (Jan.–April tgl. 9–17, Mai–Nov. 9–18 Uhr | Eintritt frei | www.nationalpark-bayerischer-wald.de)* ein Infozentrum, das Wanderrouten bereithält und quälenden Wissensdurst stillt: Sagen sich Hase und Igel wirklich „Gute Nacht"? Und was genau ist saurer Regen? Ein eigener Erlebnisraum wartet auf Kinder.

Am Zentrum führen Wege ins ● *Tierfreigelände (frei zugänglich | Eintritt frei).* Über 40 Säugetier- und Vogelarten in 16 Großgehegen können an dem 7 km langen Rundweg (es gibt auch kürzere Varianten) beobachtet werden – wenn sie sich sehen lassen wollen. Nicht immer tauchen Wölfe, Luchse und Otter auf. *Parkplatz P 1, kostenpflichtig | Böhmstr. 43 | Neuschönau*

Der Parkplatz ist Startpunkt für viele Touren des Nationalparkführungsservice. Besonders schön ist die dreistündige geführte Wanderung INSIDER TIPP „Durch wilde Wälder am Sagwasser" *(im Sommer jeden 2. Mi 13.30 Uhr | 5 Euro | Anm. Tel. 0800 0776650 | short.travel/bay17)*, auf der Sie ein Gefühl dafür bekommen, was den Wald hier so besonders macht: Urwald, Forstwald, Wildnis ergeben einen Erlebnispfad. Wie laut die Natur im Finsteren sein kann, erfährt, wer sich zu einer der (ebenfalls geführten) Nachtwanderungen traut *(Start 19 Uhr am Infopunkt des Nationalparkzentrums Lusen | short.travel/bay17).*

FELSWANDERZONE (121 D5–6) *(N7)*

Ausgangspunkt zu den vielen Abenteuerrundwegen mit Aussicht ist der Parkplatz an der Straße Neuschönau–Mauth, nehmen Sie die Abzweigung Jugendwaldheim bei Glashütte. *10 km von Grafenau*

FREILICHTMUSEUM FINSTERAU (121 D5) *(N7)*

In diesem Museumsdorf können Sie den Alltag der Kleinhäusler und Großbauern nachempfinden und Handwerkern beim Fertigen von Holzschuhen zusehen. Verschiedene Mitbringsel bekommen Sie in der *Kräuterey*, einem Laden, in dem sowohl Salat- als auch Massageöl, Liköre, Duftsäckchen, Aufstriche, Kräutertees und mehr angeboten werden – alles selbst gemacht. *25. Dez.–April tgl. 11–16, Mai–Sept. 9–18, Okt. 9–17 Uhr | Eintritt 6 Euro | Tel. 08557 96060 | www.freilichtmuseum.de | 28 km von Grafenau*

IGELBUSSE

Der Name der Busse, mit denen Sie im Nationalpark rumkommen, nimmt auf die Fabel von Hase und Igel Bezug. Die Protagonisten haben im Bayerwald Räder: Der Hase ist das Auto – schnell, individuell und billig. Wobei sich Letzteres als kurzsichtig entpuppt, denn nicht nur die Tankkosten zählen. Der Igel steht für die umweltfreundlichen gasbetriebenen Busse. Bereits seit 1996 strafen sie das Vorurteil Lügen, der öffentliche Nahverkehr sei unbequem, unflexibel, langsam und teuer. Fahrplan und Tarife auf *www.bayerwald-ticket.com.*

LUSEN ★ (121 D5) *(N7)*
Wenn Sie sonst keinen Gipfel erklimmen möchten, auf den Lusengipfel (1373m) sollten Sie rauf. Die von gelbgrünen Flechten überzogenen Granitblöcke sehen aus, als hätten Kinder Legosteine ausgekippt – nur sehr viel größere. Der Sonnenuntergang auf dem Gipfel lässt einen demütig werden, wenn die Natur glänzt.
Für die Einheimischen steht jeder Stein für eine Ehe im Bayerwald, heraufgeschleppt von einem Ehemann, der sein Weib wieder loswerden wollte. Andere sind überzeugt davon, dass der Teufel hier eine unheilvolle Last ablud. Tatsache ist, dass der Gipfel die letzte Eiszeit überragte und die Gletscher ihn in Tausende Felsblöcke zersprengten. Der Rundweg „Luchs" führt in 2,5 Stunden ab dem Lusenparkplatz auf 1111 m Höhe zur Schutzhütte und ist leicht zu schaffen. Unvergesslich ist die Zweitagestour auf dem *Horizontalsteig* zwischen Lusen und Rachel, Ausgangspunkt ist ebenfalls der Lusenparkplatz.

MAUTH (121 D5) *(O7)*
Der 821 m hoch gelegene Erholungsort (2400 Ew.) mit Finsterau (1000 m) als Ortsteil liegt am Parkrand zwischen Saußbach- und Reschbachtal und war früher Mautstation auf dem Goldenen Steig. Wer länger bleiben will, kann in einem der beiden Luxus-Chalets (nur erwachsene Gäste) **INSIDER TIPP** *Zum Latschen (Fuchsbergstr. 6 | Mauth-Finsterau | Tel. 08557 9731184 | www.zumlatschen.com | €€)* nächtigen und abends im privaten Whirlpool entspannen.
Im urigen *Gasthaus Fuchs (Mo geschl. | Am Goldenen Steig 16 | Tel. 08557 270 | www.fuchs-mauth.de | €€)* serviert man einen der besten Kaiserschmarrn des Waldes und auch die hausgeräucherten Würstel müssen Sie kosten. Wer Glück hat, erwischt einen der „bayerischen Abende", den die Einheimischen hier

Mauer Handyempfang rund um Mauth? Die Umgebung ist ideal, um Waldbaden zu gehen

mit Musik und Bier feiern. *23 km von Grafenau*

PHILIPPSREUT/LEOPOLDSREUT

(121 E6) *(🕮 P7–8)*

Das beschauliche Philippsreut (750 Ew.) verbinden viele mit dem auf der B12 zu erreichenden Grenzübergang nach Strážný und zur Schnellstraße nach Prag (165 km). In der Gegend können Sie perfekt das INSIDER TIPP Waldbaden ausprobieren – legen Sie wenigstens einen Nachtstopp beim *Haidl-Madl (3 FeWo | Marchhäuser 2, Bischofsreut | Tel. 08550 17 44 | www.haidl-madl-ferienwohnen.de | €€€)* ein: Besitzerin Ingrid hat eine Oase mit Stil, Liebe und Geradlinigkeit eingerichtet. Was hinter dem Trend steckt? Begeben Sie sich ohne Handy, Hilfe oder Kompass in die freie Natur und lassen auf sich wirken, was dort ist – der Wald bleibt vom Hype völlig unbeeindruckt.

Besuchen Sie das nahe gelegene, 1963 verlassene Leopoldsreut (1110 m), das hier „Sandheisa" genannt wird und von dessen einst 21 Häusern heute nur die alte Schule und das Kirchlein St. Nepomuk übrig sind. Es gehört zum ● *KuLaMu (frei zugängl. | www.kulturlandschaftsmuseum.de)*, dem Kulturlandschaftsmuseum der Gemeinde Haidmühle. Das Museum dokumentiert unter freiem Himmel das früher so harte Leben in dieser Region, die endlosen Winter, verlassene Dörfer, den Kampf ums Wasser, den Eisernen Vorhang. Mit Museumssteigen zu Viehweiden, Brechhäusern, Triftkanälen und Klausen. *33 km von Grafenau*

SPIEGELAU **(120 B5)** *(🕮 M7)*

Der Erholungsort (4000 Ew.) lebte lange nur von seiner Glasmachertradition. Doch Spiegelau geht mit der Zeit: Kneippkuren werden modern belebt, geboten sind Meditationswanderungen und ein Naturschwimmbad samt Beachvolleyball-Platz. Nordic-Walking-Park, 240 km Wanderwege und ein Waldspielgelände ziehen Besucher an. Pflicht ist die zweistündige Wanderung (Einstieg über Steinklammstraße) durch die ★ Steinklamm, bei der Sie über Steine im Wasser kraxeln, vorbei an Strudellöchern und üppigen Blumen. Die unberührt-raue Natur mit ihrer sprichwörtlich dichten Atmosphäre in der Klamm entlockt selbst erfahrenen Wanderern ein „Wow". Im *Palmberger Hof (28 Zi. | Sternweg 2 | www.palmberger-hof.de | €)* kommen abends INSIDER TIPP Steaks und Würschtl aus der hauseigenen Metzgerei auf den Grill. *Glamping at its best:* Wer besonders nächtigen will, macht es sich im *Schlaffassdorf (10 Fässer | Bergstr. 44, 94518 Klingenbrunn | Tel. 08553 727 | www.schlaffassdorf.de | €)* bequem. *8 km von Grafenau*

ST. OSWALD-RIEDLHÜTTE

(120 B–C5) *(🕮 M7)*

Bergpanorama garantiert: Die Gemeinde St. Oswald liegt zwischen zwei der

LOW BUDG€T

Lust auf eine Abkühlung nach einem erlebnisreichen Urlaubstag? Im *Naturbad Spiegelau (tgl. 9–19 Uhr | Waldschmidtstr. 4)* zahlen Sie ab 17 Uhr nur 1,70 (statt 2,60) Euro Eintritt.

Günstige Privatübernachtungen bietet das *Gästehaus Einberger (13 Betten | Reitstetten 17 | Tel. 08552 62 55 86)* an: 13 Euro für Bett und Frühstück in St. Oswald-Riedlhütte-Höhenbrunn.

höchsten Berge des Waldes, zwischen Rachel und Lusen. Im alten Ortsteil steht die Bründlkapelle, benannt nach einer früher hier sprudelnden Quelle, an der einer der Halser Grafen nach einem Reitunfall von allen Blessuren geheilt worden sein soll. An der Riedlhütte liegt außerdem ein historischer Goldwaschplatz – wer weiß, vielleicht finden Sie ja ein paar Nuggets während der zweistündigen Führung (s. S. 105). Oder Sie besuchen das hiesige ● *Waldgeschichtliche Museum (Di–So 9–17 Uhr | Eintritt frei | Klosterallee 4)* und erfahren alles über die hier lebenen Hirsche, über Gletscher, Felsen und was es noch so im Wald zu sehen gibt. Exotischer sind die Alpakas, die mit den Pferden auf dem *Ferienhof Meininger (9 Zi. | Ebenweg 11 | Tel. 08552 18 29 | www.ferienhof-meininger.de | €)* wohnen. Hier klingt der Abend im Sommer mit einem Lagerfeuer im Hof aus.

Übrigens: Vom 14 km langen INSIDER TIPP *Rundwanderweg Kreuzotter (Dauer 4 Std.)* schwärmen sogar die Einheimischen. Der Weg, der zwar kaum Steigungen hat, aber Trittsicherheit erfordert, führt durch das Klosterfilz entlang der Nationalparkgrenze. *7 km von Grafenau*

ZWIESEL

(120 A3–4) (*L5–6*) Eine Pyramide wie sie vor dem Louvre steht, Katakomben wie an der Seine und jede Menge Stil: Die Stadt (9600 Ew.) mit ihrer Tradition im Glashandwerk ist ein Brennpunkt für Kultur rund um Kelche, Skulpturen und Karaffen.

Die 8 m hohe Kristallpyramide aus 93 000 Weingläsern vor der *Zwiesler Kristallglas AG (Dr.-Schott-Str. 35)* ist ein Projekt der Azubis und nein, hier ist nichts zusammengeklebt – also treten Sie bitte nicht zu fest auf ... Handwerk wird in der Stadt an der Gabelung (bajuwarisch: *zwisl*) von Großen und Kleinem Regen ernst genommen – bei 1900° Grad im Glasofen sollte man das auch besser. Rund 300 Gläser bläst ein Profi am Tag. Zur *Glasnacht* im August wird es geradezu hitzig auf den Straßen vor lauter Vorführungen rund um die filigrane Glasbläserkunst.

SEHENSWERTES

KAFFEERÖSTEREI KIRMSE ●

Die Bohne interessiert Jens Kirmse brennend. Sein Wissen gibt er bei Schau-Röstungen *(Mi 15 Uhr)* oder der Verkostung von Kaffee *(Fr 15 Uhr)* und Schokolade *(Do 15 Uhr)* weiter. *Mo–Fr 10–17, Sa 9–13 Uhr | 5 Euro | Prälat-Neun-Str. 4 | Tel. 09922 7 43 75 84 | www.kaffeeroesterei-kirmse.de*

MUSEUMSSCHLÖSSCHEN

Das kleine Schloss im Glaspark war einst Herrenhaus der Familie von Poschinger, der die Kristallglasmanufaktur Theresienthal gehörte. Das Museum widmet sich der Geschichte dieser 1452 erstmals erwähnten Glashütte. *Mo–Fr 10–14 Uhr | Eintrittspreis nach Ermessen der Besucher | Theresienthal 15*

INSIDER TIPP UNTERIRDISCHE GÄNGE

Verstecke und Vorratskammern legten die Zwieseler schon im Mittelalter an. Historische Belege gibt es dazu nicht, nur mündliche Überlieferungen. Die kennt der Verein Unterirdisches Zwiesel am besten, der Führungen *(Anm. unter Tel. 0170 6 01 10 32 | www.unterirdisches-zwiesel.eu)*, auch mit Besuch bei den Fledermäusen, anbietet. Die Touristinformation veranstaltet ebenfalls Führungen *(Anm. unter Tel. 09922 84 05 23 | www.zwiesel.de)*.

WALDMUSEUM

Seit 1966 widmet sich das Museum der Pflanzen- und Tierwelt, dem Glas und dem Leben in dieser Provinz. Neben wechselnden Sonderausstellungen gibt es ein Urwald-Diorama mit Baumriesen und präparierten Tieren, ein Miniatur-Glasmacherdorf und die drittälteste Apotheke im Bayerwald. *Do–Mo 10–16, in den bayerischen Schulferien tgl. 10–16 Uhr | Eintritt 6 Euro | Kirchplatz 3 | www.waldmuseum-zwiesel.de*

Goldwaschplatz bei St. Oswald-Riedlhütte: Funkeln da nicht irgendwo ein paar goldene Flitter?

ESSEN & TRINKEN/ ÜBERNACHTEN

DAMPFBRÄU

Das Besondere beim obergärigen und gasreichen Dampfbier, das die gleichnamige Brauerei *(Führung Di, Do, Fr 14 Uhr | 11 Euro | Regener Str. 9 | www.dampfbier.de)* ist, dass Gersten- statt Weizenmalz verwendet wird. *Nachmittags geschl. | Regener Str. 9 | Tel. 09922 846655 |* **€–€€**

ZUR WALDBAHN

Ente mit Pfefferkirschen und geschubste Zimtnudeln oder klassische Böhmische Knödel gibt es im Traditionsgasthof mit Hotel. Im Sommer sitzt man schön auf der Gartenterrasse und im Biergarten. *25 Zi. | Restaurant Mo geschl. | Bahnhofsplatz 2 | Tel. 09922 8570 | www.zurwaldbahn.de |* **€€–€€€**

INSIDER TIPP WEIN VERITAS

Hier liegt die Wahrheit im gefüllten (!) Glas. Extravagante Bioweine, renommierte Klassiker sind im Bistro Standard, probieren sollten Sie die Exoten aus Osteuropa! Auf den Tellern: Muscheln, Erdbeer-Spinat, Saltimbocca oder Obstknödel. *So, Mo geschl. | Schlachthofstr. 18 | Tel. 0151 74121994 | www.weinveritas.de | €€€*

AUSKUNFT

TOURISTINFORMATION
Stadtplatz 27 | Tel. 09922 8405160 | www.zwiesel.de

ZIELE IN DER UMGEBUNG

BAYERISCH EISENSTEIN (119 F4) (*L4*)
Der Ort (1050 Ew.) verdankt seinen Namen dem Eisenerzabbau seit 1569, wurde aber erst 1877 als Grenzbahnhof an der Linie Plattling–Pilsen gegründet. Der Bruderort jenseits, Železná Ruda, entstand 1919. Dann war der Eiserne Vorhang lange im Weg, im Kalten Krieg montierten die Tschechen 1953 gar alle Schienen ab. Europaweit einzigartig: Die Grenze teilt den ★ ● *Bahnhof*, der die Ausstellung *Naturparkwelten (Juli–Sept. und in den bayerischen Ferien tgl. 9.30–16.30, Okt.–Jun. Mi–So 9.30–16.30 Uhr | Eintritt 7 Euro | www.naturparkwelten.de)* beherbergt. Im historischen Erste-Klasse-Wartesaal ist ein Restaurant *(€)* untergebracht. Bereits seit 1991 fahren wieder Züge durch, im Sommer etwa der *Böhmerwaldcourier (www.boehmerwaldcourier.de)*. In der Galerie *Kunsträume (Mi–So 10.30–17 Uhr | Tel. 09925 1829752 | www.kunstraeume-grenzenlos.de)* hält die große Welt Einzug: Wechselnde Ausstellungen bringen Werke von Dalí, Miró oder Rembrandt in den Ort.
Zur ebenfalls nahe gelegenen *Grenzglashütte (tgl. 10.30–18 Uhr, Vorführungen auf Anfrage | Tel. 09925 903302 | www.grenzglashuette.info)* gehören ein Café mit Blick auf die Glasbläser und eine winzige Brauerei. *14 km von Zwiesel*

FRAUENAU ★ ● (120 B4) (*L–M6*)
Frauenau (2900 Ew.) ist das „gläserne Herz" der Region. Das *Glasmuseum Frauenau (Di–So 9–17 Uhr | Eintritt Di–Sa 5, So 1 Euro | Am Museumspark 1 | www.glasmuseum-frauenau.de)* dokumentiert nicht nur Europas gläserne Kultur, sondern ist selbst als Bau faszinierend. 21 regionale Künstler haben Fenster, gläserne Treppen und Säulen mitgestaltet. Die bekanntesten Glashütten sind *Poschinger (Führungen Mo–Fr stdl. 10–14, Sa 11–13 Uhr | Werkverkauf Mo–Fr 10–17, Sa 11–15 Uhr) Eintritt 4 Euro | Moosauhütte 14 | www.poschinger.de)*, die älteste Glasfabrik der Welt, und *Eisch (Führungen Mo–Sa 9.15, 10, 11, Mo–Do zusätzl. 13, 14 Uhr | Werkverkauf Mo–Fr 10–17, Sa 10–16, Juni–Okt. länger | Althüttenstr. 28 | www.eisch.de)*. Bei Letzterer liegen die *Gläsernen Gärten (www.die-glaesernen-gaerten-von-frauenau.de)*, ein Skulpturenpark für den renommierte Künstler Überdimensionales entworfen haben.
Machen Sie einen Abstecher zur **INSIDER TIPP** *Kapelle auf der Zell* – sie war einmal ein VW-Bus, neben dem Kreuz sind die Radkästen noch sichtbar. Seit 1983 sichern die Frauenauer sich das Trinkwasser mit dem durch eine gut 84 m hohe Mauer aufgestauten Kleinen Regen. An dieser Stelle beginnt der *Schachtenrundweg (4–7 Std.)* für Wanderer und Mountainbiker. Luxus und Romantik bietet das *Hotel Florian (27 Zi., 6 Apts. | Althüttenstr. 22 | Tel. 09926 9520 | www.st-florian.de | €€–€€€)* mit Wellness auf Wasserschwebeliegen. *7 km von Zwiesel*

LINDBERG (120 A3) (*L5*)
Vom Dorf Lindberg (2400 Ew.) aus sind die Schachten – ehemalige Hochweiden – und Deutschlands größte Sattelhochmoore, *Latschenfilz* und *Zwieseler Filz*, gut zu erwandern. Der Weg (3 km)

führt vom Ortseingang zum Urwaldgebiet *Mittelsteighütte*.
Von Mai bis Oktober bringt Sie der Falkensteinbus nach Scheuereck. Der 3 km lange Wanderweg „Hirsch" führt sie vom Rotwildgehege (ab Mai begehbar) in die Natur. Packen Sie Proviant ein – hier gibt es keine Einkehrmöglichkeit.
Im 10 km entfernten Zwieslerwaldhaus **(120 A2)** *(Ⓜ L5)* steht das *Zwieseler Waldhaus (55 Zi. | Zwieslerwaldhaus 28 | Tel. 09925 902020 | www.zwieselerwaldhaus.de | €)* mit Biergarten. Es ist das älteste Gasthaus im Bayerischen Wald, seine Konzession hat es seit 1832. Der Ort ist ein guter Ausgangspunkt für eine Wanderung zum 1312 m hohen *Großen Falkenstein* **(120 B2)** *(Ⓜ L5)*. Fühlen Sie sich dort in einer Bachschlucht wie im Urwald, haben Sie das INSIDER TIPP *Höllbachgspreng* erreicht. „G'spreng" bedeutet Wildnis aus Fels und Baumriesen. Das Klettern ist hier allerdings nicht erlaubt. *4 km von Zwiesel*

RACHEL (120 B–C4) *(Ⓜ M6)*

Hier sind die Wege am spannendsten, hier ist der Wald noch am meisten Urwald, wie ein Ausflug auf den Großen Rachel (1453 m) zeigt. Ein Rundweg führt auf den Gipfel. Ein guter Einstieg liegt am Wanderparkplatz Gfäll, der von Mitte Mai bis November nur mit dem Igelbus (ab Spiegelau) angefahren werden darf. Unterwegs kommen Sie am ★ *Rachelsee* mit der fotogenen *Rachelkapelle* vorbei. Um das gut 13 m tiefe Gewässer ranken sich viele Sagen. Fische ohne Augen sollen dort leben und Wassernixen, die männliche Uferwanderer zum nächtlichen Bad locken, was jeden Verführten das Leben kostet. Auch eine böse Gräfin soll nachts dort spuken. Nüchterne Realität aber ist, dass nicht einmal Amphibien oder Fische in dem See zu finden sind. Wenn Sie mit Einheimischen unterwegs sind, sollten Sie trotzdem keinen Stein hineinwerfen. Hier glaubt man, dass der Rachelsee sich sogleich erheben und alle Ländereien um ihn herum überfluten würde. *15 km von Zwiesel*

SCHWELLHÄUSL (120 A2) *(Ⓜ L5)*

Die Trifterklause auf halber Strecke zwischen Zwiesel und Bayerisch Eisenstein ist in einem halbstündigen Fußmarsch am historischen Triftkanal entlang vom Parkplatz Brechhäuselau zu erreichen. Genießen Sie die Sonne auf der Terrasse oder im Biergarten direkt am Weiher. Vorfahren der Wirtsleute waren Holzhauer, die für die Holztrifter hier eine Wirtschaftshütte errichteten. *Abends und Nov./Dez. geschl. | Tel. 09925 460 | www.schwellhaeusl.de | €€ | 14 km von Zwiesel*

Entdecken Sie noch die Radkästen vom Bulli an der Kapelle auf der Zell?

ERLEBNISTOUREN

1 DER BAYERISCHE WALD PERFEKT IM ÜBERBLICK

START: ① Regensburg
ZIEL: ⑱ Deggendorf

Strecke:
ca. 500 km

9 Tage
reine Fahrzeit
10 Stunden

KOSTEN: ca. 1500 Euro/2 Personen (Benzin, Parkgebühren, Übernachtungen, Essen, Eintritte und Aktivitäten)
MITNEHMEN: Wanderschuhe, wetterfeste Kleidung für den Zwiebellook, Regenschutz, Badesachen, Snacks und Getränke

ACHTUNG: Das **Lusenschutzhaus** wird im Winter nur am Wochenende bewirtschaftet. Eine Übernachtung vorab anmelden: *heinz@lusenwirt.de*
Die ⑮ **Siebenschläferkirche** ist nur von März bis Oktober geöffnet.

Sie wollen die einzigartigen Facetten dieser Region entdecken? Dann los! Noch einfacher wird es mit der Touren-App: Laden Sie sich die Tour über den QR-Code auf Seite 2/3 oder über die Webadresse in der Fußzeile auf Ihr Smartphone – damit Sie auch offline die perfekte Orientierung haben. Bei Änderungen der Tour ist die App auf dem neuesten Stand und weicht ggf. von den Erlebnistouren im Buch ab. In diesem Fall finden Sie in den Events & News (s. S. 2/3) die neueste Tour als PDF.

TOUREN-APP

→ S. 2/3

Entdecken Sie den Bayerischen Wald in seiner ganzen Vielfalt. Seine stillen Flecken im Nationalpark und auf den Gipfeln von Arber und Lusen werden Sie genauso beeindrucken wie die jahrhundertealten Kulturschätze in den pulsierenden Städten Regensburg und Passau und die heimische Glaskunst.

TAG 1

1 Regensburg

1 Regensburg → S. 47 schmückt sich mit fast 1400 Denkmälern – unmöglich, sie alle zu sehen. Die absoluten Musts wie das **Alte Rathaus** oder den **Dom St. Peter** entdecken Sie aber schon beim Spaziergang durch die Altstadt. Nach dem Pflicht-Mittagessen in der **Historischen Wurst-**

küche setzen Sie die Besichtigung auf der **Strudelrundfahrt** *(8,90 Euro | Dauer 50 Min. | www.schifffahrtklinger.de)* bequem mit dem Schiff fort. Zu Urlaubsbeginn ist jeder reif für die Insel: Nächtigen Sie im denkmalgeschützten **Sorat Insel-Hotel** *(75 Zi. | Müllerstr. 7 | Tel. 0941 8 10 40 | www.sorat-hotels.com | €€€)* mitten auf der Donau.

TAG 2

12 km

❷ Walhalla

37 km

❸ Straubing

Die St 2125 führt entlang der Donau zur ❷ Walhalla → **S. 51**. Bei einer Brotzeit auf der mächtigen Treppenanlage genießen Sie die fürstliche Aussicht auf die Donauebene. **Sie fahren weiter donauabwärts und überqueren den Fluss bei Wiesent. Die B 8 bringt Sie nach ❸ Straubing** → **S. 51**, wo Sie im **Tiergarten Straubing** → **S. 105** das Leben an und in der Donau kennenlernen. Unterkunft bietet das **Hotel Villa** *(10 Zi. | Bahnhofsplatz 5b | Tel. 09421 96 36 70 | www.villa-straubing.com | €€€)*.

Auf der St 2125 und der St 2148 erreichen Sie die ④ Burg Falkenstein → S. 37, von der Sie weit ins Land blicken. Schlendern Sie auch durch den märchenhaften Schlosspark! **Über Michaelsneukirchen geht es nach Cham und dann auf der B 20 nach ⑤ Furth im Wald → S. 37**. Besuchen Sie auf leisen Sohlen das schlafende Ungetüm des Further Drachenstichs in seiner **Drachenhöhle** und spazieren Sie auf einem Steg *(April–Okt.)* über den **Drachensee**, ohne nasse Füße zu kriegen. Im **Café zur Mühle** *(April–Okt. tgl. 13–17.30, Nov.–März So 13–17.30 Uhr | Seuchau 4 | Tel. 09973 3133 | www.cafe-drachensee.de)* gibt es leckeren Kuchen aus selbst erzeugtem Mehl. Zur Nacht geht's in den familiären **Hotel-Gasthof Fellner** *(18 Zi. | Glaserstr. 8 | Tel. 09973 80 28 25 | www.gasthof-metzgerei-fellner.de | €€)*.

Die St 2154 führt gen Süden in den Lamer Winkel. Über den Brennes erreichen Sie den ⑥ Großen Arber → S. 40. Mit der Gondel geht es hinauf, auf dem **Panoramaweg** spazieren Sie um den Gipfel und kehren zur Brotzeit im **Arberschutzhaus** ein. **Die Fahrt auf der Arberseestraße nach Bodenmais wirkt wie ein romantischer Naturfilm.** Im **⑦ Gläsernen Wald → S. 45** in Regen zeigen hiesige Glaskünstler, was sie drauf haben. **Über Zwiesel gelangen Sie nach ⑧ Frauenau → S. 84**, wo das **Glasmuseum** all Ihre Fragen zur regionalen Glasindustrie beantwortet. Nutzen Sie auch die Gelegenheit zum Shopping im Werksverkauf der Glashütte **Eisch**. Unterkunft finden Sie im Hotel **⑨ Zum Friedl** *(18 Zi. | Kirchstr. 28 | Tel. 08553 966 80 | www.zumfriedl.de | €€)* in **St. Oswald-Riedlhütte**.

Folgen Sie der FRG 4 nach Waldhäuser zur Kapelle am ⑩ Lusen → S. 80. Ein mit einem grünen Keil gut markierter Wanderpfad führt auf den Berg, der die Anstrengung mit einer atemberaubenden Aussicht und dem Sonnenuntergang auf 1373 m Höhe belohnt. **Unterhalb des Gipfels hält das Lusenschutzhaus** *(Jan.–Okt., im Winter nur Fr–So | heinz@lusenwirt.de)* eine Brotzeit und eine einfache Unterkunft bereit.

Morgens genießen Sie den Sonnenaufgang, **bevor es auf dem teils steilen, mit einem Luchs markierten Weg hinunter geht. Nehmen Sie die FRG 4 und dann die FRG 5 (Nationalparkstraße) nach Neuschönau ins ⑪ Nationalparkzentrum Lusen → S. 79**. Am **Hans-Eisenmann-Haus** ist ein Gang durchs **Tierfreigelände** Pflicht. Auf dem **Baumwipfelpfad** blicken Sie von oben auf das grüne Dach des Bay-

TAG 3

34 km

④ Burg Falkenstein

38 km

⑤ Furth im Wald

TAG 4

48 km

⑥ Großer Arber

29 km

⑦ Gläserner Wald

20 km

⑧ Frauenau

17 km

⑨ Zum Friedl

TAG 5

13 km

⑩ Lusen

TAG 6

11 km

⑪ Nationalparkzentrum Lusen

37 km

Im Vorbeifließen produziert die Donau mal eben jede Menge Strom – im Jochenstein Flusskraftwerk

⑫ Hauzenberg

TAG 7–8

26 km

⑬ Jochenstein

24 km

⑭ Passau

erwalds. **Auf der FRG 5, 19 und 41 sowie B 533 und St 2132 gelangen Sie nach ⑫ Hauzenberg → S. 73**, wo ein Überraschungsmenü im **Naturhotel Gidibauer-Hof** den Tag krönt.

Der nächste Tag beginnt mit einem Ausflug in die Unterwelt, zunächst in den multimedialen Steinwelten des **Granitzentrums Bayerischer Wald**. **Nicht weit entfernt an der St 2320 Richtung Untergriesbach liegt das Graphit-Besucherbergwerk Kropfmühl → S. 105. Anschließend fahren Sie über Untergriesbach und Obernzell zu einem Abstecher nach ⑬ Jochenstein → S. 67**. Beim Besuch an Deutschlands größtem **Flusskraftwerk** und im Naturerlebniszentrum **Haus am Strom** vervollständigen Sie Ihr Wissen über den Lebensraum Donau.

Die B 388 führt in die barocke Dreiflüssestadt ⑭ Passau → S. 61, wo Sie zwei Nächte in der Pension **Das Hornsteiner** an der Donau verbringen. Zur Abendjause geht's in den Biergarten des **Gasthofs Knott** *(Mo und Do geschl. | Jacking 1 | Tiefenbach | Tel. 0851 9564 80 | www.gasthofknott.de | €–€€)*. Warum Passau auch „schwimmende Stadt" genannt wird, erfahren Sie am nächsten Tag bei einer **Dreiflüsse-Stadtrundfahrt** mit dem Schiff. Danach geht es zu Fuß hinauf zum **Oberhausmuseum**, wo sich von der Café-Terrasse ein prima Panorama bietet. Beim anschließenden Spaziergang entdecken Sie den Stadtteil **Innstadt** und speisen abends im lauschigen Weingarterl der **Stiftschenke**.

Auf A 3 und B 12 gelangen Sie ins Rottal. Ein Abstecher führt auf der B 388 nach Ruhstorf zur ⑮ Siebenschläferkirche *(Rotthof 16)* mit ihrem schönen Rokokoaltar. **Zurück auf der B 12 erreichen Sie das Bäderdreieck,** bekannt für seine Thermalbäder. Sie planschen bei schönem Wetter lieber im ⑯ INSIDERTIPP **Naturfreibad Pocking** *(Mai–Sept. tgl. 8–20 Uhr | Eintritt frei | Füssinger Str. 18)*. **Auf der B 12 und der St 2110 geht es nach Bad Birnbach** in den traditionsreichen ⑰ **Gasthof Wasner** *(tgl. | Passauer Str. 9 | Tel. 08563 8 71 | www.gasthof-wasner.de | €–€€)*. **Auf der St 2116 und 2119 fahren Sie Richtung Donau und queren den Fluss in Vilshofen. Die A 3 führt nach ⑱ Deggendorf** → S. 41 mit seinem schmucken **Stadtplatz**. Prosit: In der **Hofdestille Rauhbühl** *(Fr 10–18 Uhr, Sa 9–14 Uhr | Westliche Zwingergasse 2 | www.rauhbuehl.de)* verkosten Sie hausgemachte Obstbrände, Blütenliköre und Apfelsecco, danach geht's zum Abschiedsessen in einen Deggendorfer Klassiker, ins **Gasthaus zur Knödelwerferin** → S. 41.

TAG 9

45 km

⑮ Siebenschläferkirche

8 km

⑯ Naturfreibad Pocking

30 km

⑰ Gasthof Wasner

73 km

⑱ Deggendorf

2 STILLE MOMENTE ZWISCHEN GOTTESZELL UND EGG

START: ❶ Deggendorf **ZIEL:** ❶ Deggendorf	**1 Tag** reine Fahrzeit 3/4 Stunde, Wanderung 1,5 Stunden
Strecke: ca. 40 km mittel Höhenmeter: 200 m	

KOSTEN: ca. 65 Euro/2 Personen (Benzin, Essen, Wildfutter, Eintritt)
MITNEHMEN: Getränke für die Wanderung, festes, bequemes Schuhwerk, Regen-/Sonnenschutz, Handtuch

ACHTUNG: Seien Sie so früh wie möglich auf dem ❸ **Wild-Berghof Buchet**, um viele Hirsche zu sehen.
Letzte Führung im ❼ **Schloss Egg** April–Okt. 15 Uhr, Winter geschl.

Lust auf leise? Nach einem Blick bei Flüsterton in die Pfarrkirche St. Anna bleiben Sie besser pianissimo beim Hirschefüttern in Buchet. Auf der anschließenden Wanderung auf dem Großen Wild-Rundweg verschlägt Ihnen die Natur im Bergwald die Sprache – für laute Gespräche haben Sie ohnehin keine Puste.

1 Deggendorf

17 km

2 Pfarrkirche St. Anna

11 km

3 Wild-Berghof Buchet

2 km

4 Waldhaus

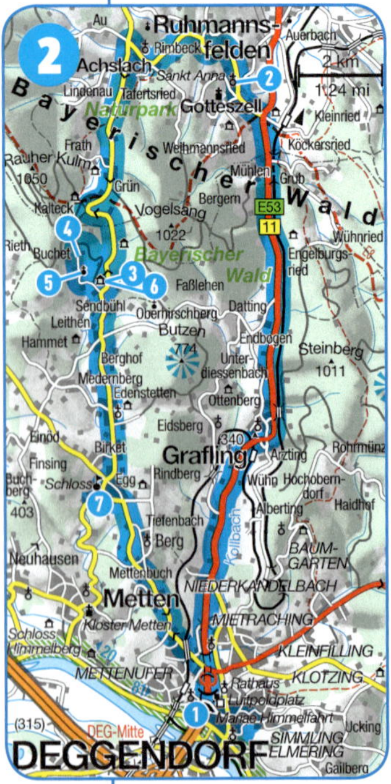

08:30 **Von 1 Deggendorf** **→ S. 41** **fahren Sie auf der B 11 nach Gotteszell,** wo in einem einzigen Bau gleich vier kunsthistorische Epochen vereint sind. Entdecken Sie in der schmucken **2 Pfarrkirche St. Anna** *(Am Kirchplatz 1)* die Elemente aus Romanik, Gotik, Rokoko und Barock? **Danach geht es mit dem Auto auf der REG 14, 11 und der DEG 3 Richtung Bernried. Nach etwa 11 km weist ein Schild den Weg rechts ab zum 3 Wild-Berghof Buchet** **→ S. 42** der gastfreundlichen Familie Gstettenbauer. Im Hofladen *(Mi–So 10–17 Uhr)* shoppen Sie hausgemachte Hirschwürste vom Hof genauso wie Kunsthandwerk aus dem Bayerwald. Vor allem aber bekommen Sie hier Wildfutter für die Damwild-, Rotwild-, Sika- und Mufflonrudel des Hofs. Es sind so gut wie immer einige kecke Tiere dabei, die herankommen und Ihnen vorsichtig aus der Hand fressen.

11:00 **Hinter dem Gasthof** beginnt steil nach oben Ihre Wanderung auf dem Großen Wild-Rundweg. Vorbei an geschnitzten Tierfiguren und an einer Pferdekoppel entlang passieren Sie den ersten Durchlass. **Links geht es weiter,** sanft bergab und in Kurven wieder bergauf. Wurzelwerk auf Augenhöhe beweist, wie entschlossen die Bergwaldbäume sich im felsigen Boden festkrallen. Bei einem Holzplatz links scheint der Weg sich zu gabeln. **Sie halten sich rechts, gehen an der nächsten Gabelung links** und gelangen auf eine karge Bergwiese, die auf Häuser zuführt. Zwischen den Häusern erreichen Sie eine Teerstraße, ein Schild behauptet, der Große Rundweg beginne unterhalb Ihres Standorts. **Biegen Sie trotzdem links auf die Straße ein.** Wieder im Wald, geht es auf einem Forstweg bergab, ein klarer Bach gurgelt rechts des Wegs. Ziehen Sie die Schuhe aus und machen Sie Ihre private Kneippkur im eiskalten Wasser.

Am Ende des Waldstücks gehen Sie zwischen den Gebäuden der Einöden Waldhaus und Jagdhaus hindurch. Am letzten Gebäude rechts in **4 Waldhaus** zeigt der Hofherr seine Jagdleidenschaft mit Rehgeweihen und einem vermeintlichen

Gamsbock – das ist jedoch sein Hausziegenbock, der Burli. **Sie folgen nun ein kleines Stück einer Teerstraße bergab.** Richten Sie den Blick ins Tal – Sie haben weite Sicht auf den Gäuboden und bei gutem Wetter bis zu den Alpen. Die Straße führt in einen Weiler. An einer 5 **Hauskapelle** mit vielen Figuren **biegen Sie links ein und erreichen jenseits der Senke wieder den** 6 **Wild-Berghof Buchet**, wo Sie sich mit einem Mittagessen auf der Terrasse belohnen. Der Chef kocht selbst, was seine Gehege und die Jagden in Waibling und Kalteck hergeben.

15:00 **Anschließend geht es im Auto weiter nach Süden über Leithen und Edenstetten nach Egg.** Rechter Hand ist 7 **Schloss Egg** → S. 42 unübersehbar. Auf einer Führung wandeln Sie durch 900 Jahre Geschichte in Gemäuern, die schon als Filmkulisse dienten. Zum Ende des Tages haben Sie sich eine Brotzeit im romantischen Burg-Biergarten verdient, bevor Sie **auf der DEG 2 zurück nach** 1 **Deggendorf** fahren.

0,5 km
5 Hauskapelle
0,7 km
6 Wild-Berghof Buchet
5 km
7 Schloss Egg
7 km
1 Deggendorf

3 VON CHAM NACH FURTH IM WALD

START: 1 Cham
ZIEL: 1 Cham

Strecke:
ca. 48 km, davon 30 km per Rad

2 Tage
reine Radfahrzeit
2 1/2 Stunden

KOSTEN: ca. 160 Euro/2 Personen (Leihräder, Übernachtung, Essen, Eintritte)

ACHTUNG: Ein Rad können Sie sich bspw. im Gasthaus **Wasserwirtschaft** → S. 37 leihen.
Für die Wasserwanderung in 3 **Arnschwang** unter *Tel. 09977 82 27* anmelden! Öffnungszeiten Eisvogelsteig: *April–Sept. Mo–Fr 12–16, bayer. Schulferien ab 9, Mai–Sept. zusätzl. So 14–16.30 Uhr*
Seien Sie zur Führung in den **Further Felsengängen** pünktlich: *Mo 14, Mi, Fr 11, So 11, 14 Uhr*. Offene Besuchszeiten: *Mai–Nov. 13–16 Uhr*
Die Oberpfalzbahn von Furth im Wald zurück nach Cham fährt fast stündlich, der letzte Zug gegen 21 Uhr.

Auf dem gut beschilderten Chambtal-Radweg fahren Sie immer am Regen und der Bahnstrecke Cham–Furth im Wald entlang. Unterwegs haben Sie beste Ausblicke auf markante Berge und kühlen sich bei einer Wanderung im Fluss ab.

TAG 1

1 Cham

8 km

2 Gasthaus Wagner

8 km

3 Arnschwang

In 1 **Cham** → S. 37 **biegen Sie aus dem Zentrum über die Janahofer Straße kommend links ab auf den Radweg.** Bald nach dem Start sehen Sie zu Ihrer Rechten die ersten Berge in der Ferne. Leicht zu erkennen sind die äußersten Gipfel des Höhenzugs Hoher Bogen: an dessen linkem Ende der Burgstall (976 m) mit seinem dunklen Radio-Sendeturm, am rechten Ende der Schwarzriegel (1079 m) mit zwei hellen Türmen eines stillgelegten Nato-Horchpostens. In Kothmaißling verlassen Sie kurz den Chambtal-Radweg. **Von der Steinmetzstraße biegen Sie nach rechts in die Raindorfer Straße ab. Auf der Straßenseite gegenüber liegt das** 2 **Gasthaus Wagner** *(Mo nur bis 13 Uhr | Raindorfer Str. 13 | Tel. 09971 797 67 | €)*, wo Sie sich eine Brotzeit in der Metzgerei holen. **Zurück auf dem Radweg, sind Sie bald wieder am Fluss.** Nun heißt es ab ans Ufer und Pause machen!

Weiter geht es nach 3 **Arnschwang**. **Wo der Kreuthweg in die Zenchinger Straße mündet, biegen Sie rechts ab in den Ortsteil Nößwartling.** Hier erwartet Sie mit dem INSIDER TIPP Eisvogelsteig des **LBV-Zentrums Mensch und Natur** *(Mo–Fr 12–16, Mai–Sept. zusätzl. So 14–16.30 Uhr | Nößwartling 12 | www.lbvcham.de)* eine spritzige Abwechslung auf Ihrer Radtour. In Wathosen und ausgestattet mit einem Audioguide stapfen Sie auf einem Klettersteig im

Cham ist der Ausgangs- und der Endpunkt Ihrer Radltour durchs Chambtal

Wasser durch den kühlen Chamb. Für die 100 m lange Strecke haben Künstler 15 Infostationen gestaltet.

Danach geht es in den Arnschwanger **Jubiläumspark gleich bei der Touristinfo:** Hier schnuppern Sie sich durch den Kräutergarten und erfahren alles über die Vögel des Chambtals. Ihre Unterkunft, das **Natur- und Wohlfühlhotel Brunner Hof** *(45 Zi. | Kirchgasse 13 | Tel. 09977 257 | www.brunner-hof.de | €€€)*, hat einen lauschigen Biergarten über dem Fluss, wo Sie den Tag ausklingen lassen.

Am nächsten Tag geht es über Kirchgasse und Schlossweg zurück auf die Radwegtrasse, die Sie nach ④ Furth im Wald **→ S. 37** führt. Machen Sie einen Ausflug zu Geistern, Fledermäusen und Gespenstern – im Gängelabyrinth unter der Stadt, den **Further Felsengängen**. Ein weiteres Abenteuer wartet in der **Erlebniswelt Flederwisch** *(Jan.–Nov. Mo–Fr 10–17, April–Okt. auch Sa, So 10–17, Führungen s. Webseite | Am Lagerplatz 5 | www.drachenschmiede-flederwisch-furth.de)* **jenseits der Bahngleise.** Im Themencafé machen Sie Rast, bevor Sie im Dampfmaschinen-Spektakel, Goldgräber-Camp und geheimnisvollen Garten auf Zeitreise gehen. Die Oberpfalzbahn bringt Sie zurück nach **① Cham**.

TAG 2

8 km

④ Furth im Wald

22 km

① Cham

4 INNTOUR ZU LAND UND ZU WASSER

START: ❶ Kraftwerk Passau–Ingling
ZIEL: ❶ Kraftwerk Passau–Ingling

Strecke:
ca. 54 km

1 Tag
reine Fahrzeit
3,5 Stunden

KOSTEN: ca. 180 Euro/2 Personen (Essen, Ticket für die Innschifffahrt)
MITNEHMEN: Regen-/Sonnenschutz, Getränke

ACHTUNG: Ein Rad können Sie bspw. am Bahnhof Passau bei **rent a bike** *(Mi geschl. | Bahnhofstr. 29 | Tel. 0851 9 66 25 70)* leihen.
Für den Blick in die sehenswerten Kirchen sollten Sie auch im Radldress nicht allzu freizügig gekleidet sein.
Die **MS Schärding** verkehrt *Di–So*, Ihr Fahrrad können Sie kostenlos mitnehmen. Fahrplan: *www.innschifffahrt.at*

Auf dieser Tour lernen Sie das Untere Inntal von zwei Seiten kennen – aber immer ganz entspannt. Auf dem gut ausgeschilderten und größtenteils einfachen Inntalradweg folgen Sie dem Flusslauf, bevor Sie aufs Schiff umsteigen, sich zurücklehnen und die Landschaft aus einer anderen Perspektive betrachten.

❶ Kraftwerk Passau–Ingling

13 km

08:00 **Auf dem Steg des ❶ Kraftwerks Passau–Ingling gelangen Sie hinüber nach Österreich und biegen dann gleich rechts auf den Inntalradweg ab, um flussaufwärts über Wernstein in die Wehr- und Barockstadt**

Hier legen Radwanderer gern eine Pause ein: Stadtplatz in Schärding

❷ **Schärding** zu radeln. Dort sind das schmucke Häuserensemble und die geschlossenen Fassaden rund um den zentralen **Stadtplatz** sehenswert. Eine Erfrischung in uriger Atmosphäre bekommen Sie im **Bums'n** *(So geschl. | Denisgasse 8 | Tel. +43 7712 30 61 | www.bumsn.at | €)*, das Musikkneipe und Bräustüberl in einem ist.

11:00 Anschließend beginnt für Sie der Faulenzer-Teil der Tour. Auf der **MS Schärding** fahren Sie innabwärts Richtung Passau, die malerische Kulisse der Flusslandschaft und das Kloster Vornbach ziehen an Ihnen vorbei. Gleichzeitig erspüren Sie auch die Gefahren, denen die Salzschifffahrer früher im schmalen Inndurchbruch bei Wernstein ausgesetzt waren. **Zurück in Schärding, schwingen Sie sich wieder aufs Rad und fahren über die alte Innbrücke auf die deutsche Seite.** Vergessen Sie aber nicht, von der Brücke aus noch einen INSIDER TIPP Blick zurück auf die Stadt zu werfen, sie zeigt sich hier von ihrer schönsten Seite. Am anderen Ufer liegt ❸ **Neuhaus am Inn**. Im Ortsteil Vornbach erwartet Sie eine Brotzeit im Biergarten des **Landgasthofs Resch** *(April–Sept. Mo, Di, Okt.–März Mo–Mi geschl. | Abt-Rumpler-Str. 10 | Tel. 08503 84 30 | www.landgasthof-resch.jimdo.com | €€)*.

15:00 Zum Dessert gibt es noch eine Portion Kunstgeschichte: Werfen Sie einen Blick in die **Pfarrkirche Maria Himmelfahrt** *(Maria am Sand)* des Klosters Vornbach. Sie stammt aus dem frühen Rokoko. **Nun fahren Sie unmittelbar am idyllischen Innufer Ihrem Ziel entgegen. Am Waldausgang hinter der Anlage des Passauer Rudervereins kurz vor dem Kraftwerk** schütteln Sie zum Abschluss der Tour Arme und Beine aus: Der ❹ **Waldspielplatz** mit wackeligem Geschicklichkeitsparcours ist eine Riesengaudi auch für Erwachsene. Danach geht es zurück zum Parkplatz des ❶ **Kraftwerks Passau–Ingling**.

❷ **Schärding**

2 km

❸ **Neuhaus am Inn**

12 km

❹ **Waldspielplatz**

4 km

❶ **Kraftwerk Passau–Ingling**

SPORT & WELLNESS

Aktivurlauber werden Fernreisende vom Bayerischen Wald aus belächeln, liegt das Gute, in diesem Fall die Vielfalt, doch so nah.

Auf Wanderer warten anspruchsvolle Mehrtagestouren oder kontemplative Momente auf den Meditationspfaden im Nationalpark. Radwandern und Mountainbiking, wie die Reiter gelotst von GPS, sind etabliert. In Obernzell und Vilshofen entstehen etappenweise kombinierte Rad-, Boot- und Wanderterminals im Donautal.

DRACHENFLIEGEN

Drachen- und Gleitschirmflieger verbringen ihren Aktivurlaub am besten an Osser und Pröller, in Breitenberg, Grainet, Grattersdorf, Windberg oder in Untergriesbach. In Wörth an der Donau befindet sich das *Flugzentrum Bayerwald (Tel. 09482 95 95 25 | www.flugzentrum-bayerwald.de)*.

EXPEDITIONEN & ABENTEUER

Verbände bieten Touren mit Eventcharakter an. Natur pur gibt es im Wildniscamp am Falkenstein im Nationalpark: *short.travel/bay18*. Auf dem *Schmugglerpfad* geht es ab Waldmünchen los, eine romantische Wanderung ist der *Bärenpfad* von Grafenau. Auch Gipfeltouren von mehreren Tagen über Lusen, Rachel bis nach Tschechien sind beliebt. Infos haben die Touristinformationen oder Sie

 Bild: Am Schwarzen Regen

Der Bayerische Wald macht fit! Im Schnee, auf Wanderrouten und auf Mountainbikes toben sich Bewegungshungrige aus

schauen auf *www.bayerischer-wald.de*. Etwas Besonderes: Huskywanderungen *(www.huskyhof-dreisessel.de)* im Winter starten ab Neureichenau.

GOLF

Wer ein Gastspiel wagen will, sollte seinen Clubausweis mitbringen und braucht in der Regel Handicap 54. Die Einheimischen bevorzugen Kirchroth *(18-Loch-Anlage mit 9-Loch-Übungsplatz, Driving Range, Wintergrün | Tel. 09428 7169 | www.golfclub-straubing.de)*, Gut Lindberg/Oberzwieselau *(18-Loch-Anlage | Tel. 09922 80113 | www.golfpark-oberzwieselau.de)* und Deggendorf *(18-Loch-Anlage mit Driving Range auf der Rusel | Tel. 09920 8911 | www.deggendorfer-golfclub.de)*. Im Bäderdreieck erwartet Sie das größte zusammenhängende Golfresort Europas und speziell in Bad Griesbach eine der größten Golfschulen der Welt mit 37 Pros. Infos unter: *www.bayerischer-wald-golf.de*.

KANU & KAJAK

Wildwasserfahren ist im Ilztal, Wildwasserrodeo an der Isarmündung bei Deggendorf möglich, Kanuwanderwege gibt es z. B. auf dem Regen zwischen Regensburg und Blaibacher See.

KLETTERN

Natürliche Kletterregion sind die Rauchröhren am Kaitersberg bei Bad Kötzting. Kletterfelsen gibt es in Deggendorf, Klettergärten in Ruderting, familienfreundlich ist die Anlage in Waldkirchen *(www.kletterwald-waldkirchen.de)*. Nahe Neuburg bei Passau liegt der *Inntalklettergarten (alpenverein-passau.de)*. In der Halle klettern können Sie in Cham *(kletterzentrum-bayerwald.de)*.

RADFAHREN & MOUNTAINBIKEN

Der Bayerwald ist ein Paradies für Radler. Bikes können Sie fast überall für ca. 15 Euro am Tag mieten. Beliebt sind besonders solche mit Zusatzantrieb, für die es an vielen Orten Ladestationen gibt. Austoben können Sie sich im *Bikepark Geißkopf (short.travel/bay19)* mit Pipes, Trails und einem Uphill-Flow für E-Biker. Vermieter und spezialisierte Herbergen finden Sie auf *short.travel/bay16* und *www.nationalpark-ebike-bayerischer-wald.de*.

REITEN

Ob Sie Ihr Pferd mitbringen, auf Schulrössern das Glück der Erde entdecken oder Mehrtagestouren unternehmen möchten – im Bayerischen Wald ist all das möglich *(short.travel/bay20)*. Gastboxen gibt es fast überall. Manche Vereine haben mehrere Reithallen. Wandertouren hoch zu Ross gibt es beim *Adventure Camp Schnitzmühle (Tel. 09942 948 10 | www.schnitzmuehle.com)* in Viechtach oder dem Westernhof *Highlander Ranch (Tel. 09928 16 86 | www.highlander-ranch.de)* in Spiegelau. In der Westernstadt *Pullman-City (Tel. 08544 974 90 | www.pullmancity.de)* in Eging am See haben Wanderreiter freien Eintritt.

WANDERN

Auf dem Gläsernen Steig durchs Glasmacherland, auf Keltenspuren auf dem Böhmweg vom Donautal zur Moldau, auf den Panoramarouten des Goldsteigs *(www.goldsteig.com)* durch den Vorwald oder auf dem Kammweg an der Grenze zu Tschechien entlang über die Gipfel von Dreisessel, Rachel, Lusen und Arber zum Plöckenstein (1379 m) – ein Urlaub reicht nie, um den Bayerwald zu erwandern. Der *Bayerischer-Wald-Verein (Zwiesel | Tel. 09922 92 65)* unterhält in 63 Sektionen Berghütten und bietet geführte Touren an. Orkan „Kyrill" sorgte 2007 im Falkenstein-Rachel-Gebiet für neuen Weitblick, z. B. auf der INSIDER TIPP **Acht-1000er-Tour** *(short.travel/bay21)* von Eck zum Arber.

WASSERSKI

Mit 18 km bietet die Donau hier die längste deutsche Wasserskistrecke: Obernzell *(Touristinfo Tel. 08591 911 61 19)* ist Wasserskizentrum neben Metten, Irlbach, Winzer. Auf dem Friedenhainsee im Naherholungsgebiet von Parkstetten-Steinach-Kirchroth befindet sich die längste Wasserskiseilbahn Deutschlands (1200 m).

WELLNESS

Wellness wird bei den Gastgebern großgeschrieben und in jeder denkbaren Variante angeboten. Orientierung bietet das Gütesiegel „Wellvital" *(www.bayern.by/erlebnisse/wellnessurlaub)*, das bayernweit an Hotels mit einem regional ausgerichteten Wellnessangebot, regionaler Vitalküche sowie fachkundiger Beratung und gutem Service vergeben wird. In nahezu allen Kurorten sowie im Bäderdreieck finden Sie diese Gastgeber gebündelt, das Label „Wellvital-Ort" weist darauf hin. Luftkurorte sind Kellberg, Freyung und Regen, Bad Kötzting ist Bayerns jüngstes Kneipp-Heilbad.

WINTERSPORT

Für Wintersportler gibt es Snowboard-Funparks in Arrach, Waldkirchen und Mitterfirmiansreut, sieben Alpinskigebiete und gut 2000 km Langlaufloipen. In Haidmühle *(Touristinfo Tel. 08556 9726320 | www.sc-haidmuehle.de)* können Sie neben Skitouren, Schneeschuhwandern und Langlaufen auch mit Huskys übers Eis flitzen: Der Ort ist ein Zentrum für Schlittenhunderennen. Verleih und Tourenangebote für Schneeschuhtouren sind mittlerweile an vielen Orten zu finden, wie bspw. in St. Englmar. Das *Hohenzollern-Stadion (Arberseestr. 40 | www.hohenzollern-skistadion.de)* in Bayerisch Eisenstein ist ein Highlight für Langläufer. Denn hier ist INSIDER TIPP Biathlon für Jedermann *(30 Euro, Mittwochnachmittag | Anm. Tel 09921 90210)* geboten – und zwar auf der Strecke, auf der sonst Profis trainieren. Die Schnupperkurse dauern 4 Stunden. Am Arber *(www.arber.de)* sind modernste Mittelgebirgsgondeln und Sessellifte im Einsatz: 15 km Piste, Rodelbahn samt Rodelverleih, der Silberberg in Bodenmais eignet sich gut für Anfänger. Der Sessellift bringt auch Rodler an den Startpunkt ihrer Bahn an der Mittelstation.

Geht er rein oder nicht? Auf einem der vielen Golfplätze der Region in Bad Birnbach

MIT KINDERN UNTERWEGS

Von Ameisenstraße bis Zauberwald reicht das bunte Angebot für kleine Bayerwaldgäste.

Gelungenen Familienurlaub garantieren die nach strengen Checks gekürten „Bärchen-Gastgeber" mit der Höchstzahl von fünf Kinderland-Teddys. Info: *short.travel/bay22*

OBERER BAYERISCHER WALD

INSIDER TIPP AMEISENSTRASSE BODENMAIS (119 E5) (*K5*)

Auf dem 2,5 km langen und fast überall kinderwagentauglichen Erlebnisweg können sich Kinder austoben und lernen gleichzeitig etwas über die Natur. Zu den 27 Stationen gehören z. B. der Summstein, ein Matschweg oder der Gutelaunesitz. *Infos bei Bodenmais Tourismus Tel. 09924 778135 | short.travel/bay6*

BAYERWALDTIERPARK LOHBERG (119 E4) (*K4*)

400 Tiere aus 100 heimischen Arten leben im Park. Kinder freuen sich besonders über den Streichelzoo. Es gibt einen kinderwagentauglichen Rundweg, einen Naturlehrpfad, das Haus des Wolfs und einen Abenteuerspielplatz. *Tgl. April–Okt. 9–17, Nov.–März 10–16 Uhr | Erw. 6, Kinder 4 Euro | www.bayerwald-tierpark.de*

CHURPFALZPARK (117 F2) (*F4*)

Schippern in Riesenschwänen, Edelsteinschatzsuche, eine Wasserorgel aus 860 Fontänen und vieles mehr bietet Ostbayerns größter Freizeitpark in Loifling süd-

Goldwäscher, Lama-Bändiger oder Höhlenforscher – beim Familienurlaub können Kinder spannende Aktivitäten ausprobieren

lich von Cham. *Mitte April–Sept. tgl. 9–18, Fahrbetrieb 10–17 Uhr | Erw. 20,50, Kinder ab 16,50 Euro | www.churpfalzpark.de*

ESELWANDERUNG IM SONNENWALD
(123 F4) (*🕮 K9*)

Mit einem tierischen Freund macht Wandern doppelt so viel Spaß. Ob eine Halbtagestour oder mehr, der Rucksack wird auf den Rücken der Tiere gepackt, dann geht's raus Richtung Daxstein oder Brotjacklriegl. *Eselwanderungen mit Susa Winter | Unterer Daxstein 24, Schöllnach | Tel. 09907 871091 | www.tierisch-gute-wanderreisen.de*

HAUS AM KOPF UND WALDWIPFELWEG (118 B–C6) (*🕮 G–H6*)

Der *Waldwipfelweg (April–Okt. 9–18, Juli/Aug. bis 19 Uhr, Nov.–März 9–16 Uhr | Erw. 7,50, Kinder 5 Euro | www.waldwipfelweg.de)* in St. Englmar bietet neben dem Spaziergang in 30 m Höhe u. a. Lama- und Kängurugehege sowie das *Haus am Kopf (zusätzl. 2 Euro)*. Es steht auf dem Dach: ein großer Spaß, nicht nur für Kinder.

KINDERSTADTFÜHRUNGEN

(116 A4–5) (🕮 A–B 5–6)

In Regensburg schlüpfen die Kleinen wie römische Legionäre in Rüstungen und begeben sich auf eine Welterbe-Zeitreise. Auf dem 90-minütigen Spaziergang erfahren sie z. B., wie die Soldaten in der Stadt lebten und was es mit den Menschen auf sich hatte, die man damals Barbaren nannte. *März, April, Juni, Aug., Sept. Di und Do 14 Uhr | Erw. 8, Kinder 6 Euro | www.stadtmaus.de.* Auch die *Touristinformation (Rathausplatz 4 | Tel. 0941 5 07 44 10 | tourismus.regensburg.de)* bietet Führungen für junge Entdecker an.

LAMA- UND ALPAKA-TREKKING

(118 B3) (🕮 G3)

Pablo schmust gerne, Yeti ist schneeweiß: Mit den Alpakas und Lamas auf dem Hof der Familie Gigler in Chamerau kann man wandern, kuscheln und die Welt entdecken. Kinder vergessen so, dass sie Spaziergänge gehen eigentlich doof finden. *Kollmitz 1 1/2 | Tel. 09944 30 21 97 | www.lama-alpaka-und-mehr.de | €.* Die Tiere sind ein Trend im ganzen Bayerwald: Am Nationalpark leben Alpakas auf dem *Ferienhof Meininger (www.ferienhof-meininger.de)*, in Deggendorf bei der Familie Schreiber in Schaufling *(www.alpakahof-schreiber.de)*.

Wer schläft denn da? Im Märchenschloss Lambach erkunden Kinder fantasievolle Kulissen

MÄRCHENSCHLOSS (119 E3) (🕮 J–K3)

Der schmucken Villa in Lambach sieht man nicht an, dass das Innere fantasievoll nach Märchen- und Gespenstergeschichten gestaltet ist. *April–Nov. tgl. 10–17 Uhr, Nov., Dez. teilw. geschl. | Erw. 4, Kinder 3,50 Euro | Tel. 09943 35 41 | www.maerchenschloss-lambach.de*

MOTOCROSS-SCHNUPPERN

(123 E1) (🕮 K6)

Brumm... wenn's vibriert, dann gehen gerne mal die PS mit einem durch. Roland Sitzberger bringt Kindern (ab 6 J.) als auch Kindgebliebenen Motocross bei. *5 Std. ab 249 Euro | Termine nach Vereinb. | Sankt-Wolfgang-Str. 1 | Regen Tel. 09921 8147 | www.motocross-selberfahren.de*

TIERGARTEN STRAUBING
(117 E6) *(🕮 E7)*

1000 Tiere aus 200 Arten leben im einzigen Zoo Ostbayerns. Im *Donauaquarium* wird klar, dass Waxdick, Ukelei und Moderlieschen keine Fabelwesen sind, sondern Fische. Diese Abteilung zeigt die Lebensräume im und am Donaustrom sowie alle vorkommenden Fischarten und Amphibien im Aquarium. *Tgl. Nov.–Feb. 9–16.45, März–Okt. 8.30–18.45 Uhr | Erw. 7, Kinder 5 Euro | an der B 8 | www.tiergarten-straubing.de*

UNTERER BAYERISCHER WALD

BABALU-FUNPARK (127 E2) *(🕮 M11)*

Besonders an Regentagen ist der Indoorspielplatz im ehemaligen Siemenswerk in Passau auch bei Einheimischen angesagt. Denn hier gibt's u. a. ein Labyrinth mit Riesenrutsche, einen Kletterturm mit Abenteuerbrücken, Elektrokartbahn sowie ein Bistro. *Mo–Fr 14–19, Sa, So 10–19, in den bay. Ferien tgl. 10–19 Uhr | Erw. ab 3,50, Sa, So ab 4, ab 17 Uhr 1 Euro, Kinder ab 4 Euro, ab 17 Uhr ab 3,50 Euro | Schaldinger Str. 1 | www.babalu-funpark.de*

GRAPHIT-BESUCHERBERGWERK KROPFMÜHL (125 D4) *(🕮 O10)*

Das einzige Grafitbergwerk Westeuropas heißt Kropfmühl und liegt bei Hauzenberg. Es hat ein Museum und einen 4,5 km langen Geologielehrpfad. Für die Führungen verkleiden Besucher sich mit lustigen Schutzanzügen. Seit Kurzem wird hier auch wieder Grafit abgebaut. *April–Okt. Mi–So 10.30–16.30 Uhr | Führungen um 11, 13, 15 Uhr | Anm. unter Tel. 08586 609147 | Erw. 10, Kinder 7 Euro | www.graphit-bbw.de*

NATIONALPARK

AUF DEN SPUREN DER GOLDWÄSCHER
(120 C5) *(🕮 M7)*

Seifenhügel durchziehen das Hochmoor Klosterfilz bei St. Oswald-Riedlhütte. Sie zeugen entlang der Ohe von früheren Goldwäschern. Auf deren Spuren geht es in Riedlhütte mit Rucksack und Waschpfanne in zwei Stunden zum Goldwaschdiplom. Gummistiefel mitbringen, vor Ort können diese für 2 Euro auch geliehen werden. *Mitte Mai–Mitte Sept. Do 13 Uhr | Erw. 5, Kinder gratis | Anm. Nationalpark-Führungsservice Tel. 0800 0776650 | Treffpunkt bei Riedlhütte | short.travel/bay8*

HAUS ZUR WILDNIS (120 A3) *(🕮 L5)*

Mit 3D wird einiges spannender. So auch der Infofilm im Besucherzentrum am Ortsende von Ludwigsthal. Das futuristische Haus ist eigentlich nur eine überdachte Freifläche voll Wissenswertem. Im Laden kann jeder Bayer- und Böhmerwald geschmacklich entdecken. Mit Tierfreigelände (drei Gehege: Luchs, Wolf, Wildpferd/Urrind), Kletterbuche und eigener Kinderkarte im *Biolokal (Tel. 09922 5002133 | €). 26. Dez.–April 9–17, Mai–8. Nov 9.30–18 Uhr*

WALDSPIELGELÄNDE (120 B5) *(🕮 M7)*

Die Waldwiese mit einem Tümpel, in dem Libellen schlüpfen, einer Hütte und einem Amphitheater wartet bei Spiegelau. Dazu gibt es einen Lehrpfad, einen Abenteuerspielplatz und den kinderwagentauglichen Rundweg „Tagpfauenauge". *Info bei der Parkverwaltung Tel. 08552 96000 | www.nationalpark-bayerischer-wald.de*

EVENTS, FESTE & MEHR

EVENTS & NEWS → S. 2/3

Neben den bundesweiten sind in Bayern einige katholische Feste gesetzliche Feiertage: Heilige Drei Könige (6. Jan.), Fronleichnam (20. Juni 2019, 11. Juni 2020, 3. Juni 2021), Mariä Himmelfahrt (15. Aug.), Allerheiligen (1. Nov.).

FESTE & VERANSTALTUNGEN

JANUAR

Neujahrsanblasen in Geyersberg bei Freyung und Passau und -anschießen in Grafenau, Konzerte und Bälle

JANUAR/FEBRUAR

Beim ***Elefantentreffen*** *(www.bvdm.de)* mit winterlichem Woodstock-Flair kommen am letzten Januar- oder ersten Februarwochenende in Loh bei Solla Motorradfahrer aus ganz Europa zusammen.

FEBRUAR/MÄRZ

Vielerorts finden Faschingsumzüge (Gaudiwürmer) und -feste statt. Sehenswert ist die ***Frauenauer Raunacht*** am Faschingssamstag.

Die Fastenzeit wird durch ***Starkbierfeste*** bereichert.

APRIL

Frühlingsfeste (Kirmes) finden in Passau („Mai-Dult" Ende April) und Straubing, an Ostern auch in Regen und Furth i. W. statt.

MAI/JUNI

In der Nacht zum ***1. Mai*** versuchen die Burschen, den Maibaum im Nachbarort zu stehlen. Gelingt es, muss die geschmückte Holzstange mit Bier und Brotzeit ausgelöst werden, bevor sie mit einem Fest auf dem Dorfplatz aufgestellt wird.

An Pfingsten ***Kerzenwallfahrt*** in Holzkirchen bei Ortenburg: Zum Dank für das Ende einer Borkenkäferplage wird seit über 500 Jahren eine 13 m lange, mit Wachs umwickelte Fichte auf den Bogenberg getragen.

Pfingstmontag eröffnen über 1000 Berittene mit dem Pfingstritt eine ***Festwoche*** in Bad Kötzting.

Richtig wild geht es bei ***Rock the Hill*** am Geißkopf nahe Bischofsmais zu. Rockbands spielen bei dem Bike-Festival am MTB-Park auf.

ENDE JUNI/JULI

Ende Juni beginnen die internationalen Kulturfestspiele ***Europäische Wochen*** in Passau

Ende Juni oder Anfang Juli: Beim Regensburger Festival ***Farbgefühle*** werden die ganz in Weiß gekleideten Besucher nach

Vom Neujahrsanblasen im Januar bis zur Raunacht im Dezember: Die Waidler lieben und leben Brauchtum und Kultur ganzjährig

Art der indischen Holy Festivals mit bunter Maisfarbe beworfen

JULI

In Passau werden beim ***Eulenspiegel Zeltfest*** Kabarett und Musik geboten.
Altstadtfest und ***Thurn-und-Taxis-Schlossfestspiele*** in Regensburg
Internationale DJs legen in Regensburg über drei Tage Elektro-Sound bei ***Zuckerbrot & Peitsche*** auf.

JULI–AUGUST

Beim ***Ilzer Haferlfest*** in Passau, das mit Feuerwerk und historischen Fischerspielen gefeiert wird, sind Tonkrüge, früher „Hafen", Eintrittsmarken.
Bei den ***Waldfestspielen*** in Bad Kötzting werden Theaterklassiker unter freiem Himmel aufgeführt – auf Bairisch.

AUGUST

Das Historienspiel ***Further Drachenstich*** auf dem Further Marktplatz erinnert an die Hussitenkriege.
Arberkirchweih mit Bergmesse und Gipfelfest am Sonntag vor oder nach dem 24. August (St. Bartholomäus)
Gäubodenfest in Straubing

AUGUST–SEPTEMBER

Das edle Festival ***Kulturwald*** im Raum Deggendorf bietet zu kleinen Eintrittspreisen Kunst und Kultur auf dem Land.

SEPTEMBER–NOVEMBER

Das ***Wolfauslassen*** rund um Zwiesel, etwa in Rinchnach (10.11.), sollte früher Raubtiere fernhalten: Männer laufen mit Kuhglocken behängt umher.
Leonhardiritte als fromme Wallfahrt zu Pferde etwa in Kellberg bei Passau

DEZEMBER

Christkindlmärkte, besonders schön in Passau beim Dom, am Schloss in Regensburg und im GranitzentrumHauzenberg
Wilde Gesellen sind in den ***Raunächten*** vom Thomas- (21. Dez.) bis zum Dreikönigstag polternd unterwegs.

LINKS, BLOGS, APPS & CO.

LINKS & BLOGS

www.marcopolo.de/bayerischerwald Alles auf einen Blick zu Ihrem Reiseziel: Interaktive Karten inklusive Planungsfunktion, Impressionen aus der Community, aktuelle News und Angebote ...

www.bayerischer-wald.de Eine Übersicht über die Region, Freizeittipps, neue Hotels und die wichtigsten Adressen rund um die Urlaubsregion finden Sie hier

www.waldberge.de Vermittelt mit vielen Fotos Eindrücke vom Bayerischen Wald und vom Böhmerwald. Außerdem sind hier viele grenzüberschreitende Touren beschrieben

www.waidler.com Hier informieren Sie sich über Festivals, Diskos, Konzerte und Partys in der Region

www.bayrisches-woerterbuch.de Wenn Sie vor Ort nix verstehen, hilft diese Website: Mit viel Liebe zum Detail wird hier der bairische Wortschatz gepflegt und ins Hochdeutsche übersetzt. Hier lernen Sie fluchen, flirten und findige Weisheiten

weisswurstbayern.wordpress.com Neben allem, was Sie über Geschichte und Brauchtum rund um die Weißwurst wissen müssen, bietet der Blog aktuelle regionale Freizeittipps

www.waidlerwiki.de Auf der Seite finden Sie vielfältige Informationen aus der Region Bayerischer Wald und Böhmerwald, darunter vor allem Kartenmaterial, Fotos und Videos, aber auch Tipps für Ihren Urlaub sowie Links zu weiteren interessanten Onlineangeboten

www.kultur-ostbayern.de Blog aus Regensburg mit aktuellen Kulturtipps für die Stadt sowie Berichten über vergangene Veranstaltungen – und Buchtipps zu Ostbayern und anderswo

www.hogn.de Das Onlinemagazin Da Hog'n berichtet aktuell aus der Region und teilt viele Infos auch auf seiner Facebookseite

Egal, ob für Ihre Reisevorbereitung oder vor Ort: Diese Adressen bereichern Ihren Urlaub. Da manche sehr lang sind, führt Sie der short.travel-Code direkt auf die beschriebenen Websites. Falls bei der Eingabe der Codes eine Fehlermeldung erscheint, könnte das an Ihren Einstellungen zum anonymen Surfen liegen

www.kult.de Alles Neue, Coole, Hippe rund um die Region Regensburg listet die Website auf – von Clubs über Veranstaltungen bis zu Modelabels

www.bayerwald-wanderer.de Auf dem mit viel Liebe gepflegten Blog entdecken Sie die Wandermöglichkeiten der Region. Sehenswert sind die schönen Fotos, hilfreich bei der Reisevorbereitung auch die Links zu anderen Seiten

www.bayern.by/erlebnisse/sightsleeping-hotels Ausgefallene Übernachtungsmöglichkeiten wie bspw. in Burgen, Schlössern, selbst im Kloster, finden Sie hier. Eingerichtet im Boutique- oder modernen Stil oder ganz anders

VIDEOS & PODCASTS

short.travel/bay9 Der Standesbeamte und Kabarettist Toni Lauerer aus Furth im Wald ist jeden Tag im Radio zu hören – und hier im Podcast

www.facebook.com/Woidboyz Drei Buam auf großer Tour – das sind die Woidboyz, die aus ihrer Heimat Bayerischer Wald in alle Himmelsrichtungen ziehen, um spannende Menschen zu treffen. In der Mediathek des BR gibt es alte Folgen

short.travel/bay23 Das kurze Video von Antenne Bayern zeigt Regensburg von oben und die eindrucksvolle historische Architektur aus der Vogelperspektive

APPS

iArber Die kostenlose Bergbahnen-App ist ein mobiler Reiseführer mit Trackerfunktion und informiert über Wetter, Abendprogramm, Liftanlagen, Quartiere, Routen im Wander- und Skigebiet sowie per GPS-Ortung über Ihren Standort auf dem Skipanorama oder einer Karte. Für Android- und iOS-Smartphones

Bad-Griesbach-App Die kostenlose App informiert über den Kur- und Golfort, seine Therme, Touren und Wege, Veranstaltungen, Gastgeber und Restaurants. Gibt's für iOS und Android

Passau Die App für iOS und Android ist ein praktischer Begleiter für alle Passaubesucher. Neben Bildern und Informationen zu Sehenswürdigkeiten bietet sie z. B. einen aktuellen Veranstaltungskalender, Shoppingtipps und eine Parkplatzsuche

PRAKTISCHE HINWEISE

ANREISE

Von Westen her leiten Sie A 6 und A 3 (über Nürnberg) nach Regensburg und weiter über Deggendorf nach Passau. Für Urlauber aus Berlin bietet sich die A 9 bis Dreieck Bayerisches Vogtland an, danach geht es weiter auf der A 72 und am Dreieck Hochfranken auf der A 93 Richtung Weiden (ab hier B 22 für Furth im Wald und den übrigen nördlichen Oberpfälzer Wald) und Schwandorf (ab hier B 85 für Cham und Umgebung) nach Regensburg, Deggendorf, Passau. Vom Norden fahren Sie am besten auf der A 7 bis Biebelrieder Dreieck und wechseln dort auf die A 3. Aus dem Großraum München führt die A 92 über Landshut nach Deggendorf.

Von Hamburg fährt täglich ein ICE über Fulda und von Dortmund der EC nach Regensburg und Passau. Von Berlin fahren alle zwei Stunden Intercitys über Leipzig nach Nürnberg, wo die Hauptstrecke der Deutschen Bahn über Regensburg und Passau nach Wien beginnt. ALEX – ein Zug der Länderbahn – fährt von München über Regensburg, Schwandorf, Furth im Wald nach Prag. Auf *www.bahn.de* finden Sie Infos zum günstigen Bayern- und Bayern-Böhmen-Ticket. Fahrplan, Preise und Routentipps im Raum Regen/Cham/Freyung-Grafenau bietet *www.bayerwaldticket.com.*

Von Berlin bietet Flixbus *(www.flixbus.de)* Verbindungen nach Regensburg, Deggendorf, Passau und Straubing an. Aus Frankfurt a.M., Köln und München fahren Sie mit dem Flixbus direkt nach Regensburg, Deggendorf und Passau. Die Fernbusse halten in Regensburg und Passau beim Hauptbahnhof in der Bahnhofstraße, in Deggendorf am Busbahnhof in der Güterstraße, nahe dem Bahnhof.

Je nach Region, die Sie erreichen wollen, sind die nächstgelegenen Verkehrsflughäfen Nürnberg, München, Linz und Salzburg.

GRÜN & FAIR REISEN

Auf Reisen können auch Sie viel bewirken. Behalten Sie nicht nur die CO_2-Bilanz für Hin- und Rückreise im Hinterkopf *(www.atmosfair.de; de.myclimate.org)* – etwa indem Sie Ihre Route umweltgerecht planen *(www.routerank.com)* – , sondern achten Sie auch Natur und Kultur im Reiseland *(www.gate-tourismus.de; www.ecotrans.de)*. Gerade als Tourist ist es wichtig, auf Aspekte wie Naturschutz *(www.nabu.de; www.wwf.de)*, regionale Produkte, wenig Autofahren, Wassersparen und vieles mehr zu achten. Wenn Sie mehr über ökologischen Tourismus erfahren wollen: europaweit *www.oete.de*; weltweit *www.germanwatch.org*

AUSKUNFT

TOURISMUSVERBAND OSTBAYERN
Im Gewerbepark D02/D04 | Regensburg | Tel. 0941 58 53 90 | www.ostbayern-tourismus.de

BAYERISCHER-WALD-VEREIN E. V.
Stadtplatz 11 | Zwiesel | Tel. 09922 92 65 | www.bayerischer-wald-verein.de

Von Anreise bis Zoll

Urlaub von Anfang bis Ende: die wichtigsten Adressen und Informationen für Ihre Reise in den Bayerischen Wald

Weitere Informationen im Internet: *www.nationalpark-bayerischer-wald.de, www.pnp.de* (Auftritt der Zeitung Passauer Neue Presse), *www.btl.de* (Reiseportal Bayern-Tourismus-Line), *www.bayern.by.*

AUTO

Das gut ausgebaute Straßennetz hat nicht nur Vorteile: Die Fahrweise vieler Einheimischer ist leichtfertig, die Unfallquote hoch. In fast allen größeren Orten gibt es ein Parkplatzproblem.

BERG-/SCHUTZHÜTTEN

Live dabei bei Sonnenauf- und -untergängen sind Sie, wenn Sie in den bewirtschafteten Schutzhäusern der Region übernachten. Beliebt sind das *Falkensteinhaus (Tel. 09925 90 33 66 | www.1315m.de)* bei Lindberg oder das Arberschutzhaus *(Tel. 09925 94140 | www.arberschutzhaus.de)* am Goldsteig. Neben den vom Bayerischer-Wald-Verein betriebenen Häusern gibt es etliche privat bewirtschaftete. Eine Auflistung bietet *short.travel/bay14.*

CAMPING

Knapp 40 Campingplätze hat der Bayerische Wald, viele liegen an Seen wie der Platz Hohenwarth im Lamer Winkel oder der am Friedenhain-See. Direkt an der Donau liegt ein Platz am Bootshafen von Obernzell. Eine Karte mit Campingplätzen können Sie über den *Tourismusverband Ostbayern (www.ostbayerntourismus.de)* bestellen. Am Nationalpark können Sie auch im Winter campen.

LESEHUNGER & AUGENFUTTER

Finsterau – Bestsellerautorin Andrea Maria Schenkel erzählt in ihrem Buch (2012) von einem wahren Mordfall. Die junge Afra kommt 1944 schwanger in ihr Heimatdorf zurück und macht ihren Eltern damit große Schande. Weglegen – unmöglich!

Die Henkerstochter – Der Auftakt der dreiteiligen Historiensaga (2008) von Oliver Pötzsch spielt kurz nach dem Dreißigjährigen Krieg in und um Regensburg. Henker Jakob Kuisl wird zum Detektiv um eine Hebamme zu retten, die der Hexerei angeklagt ist

Eine ganz heiße Nummer – Im erzkatholischen Wald versuchen drei Frauen mit einer Sexhotline ihren Unterhalt nach dem Aus des Tante-Emma-Ladens zu verdienen. Mit viel Dialekt, Heimatgefühl und Humor spielen Gisela Schneeberger, Monika Gruber und Rosalie Thomass (2010) – der zweite Teil folgte 2018

Hindafing – Ein korrupter Bürgermeister, Flüchtlingsflut und Crystal Meth – bitterböse Serie à la „Breaking Bad" mit einem grandiosen Maximilian Brückner, die zahlreiche Preise abräumte und die düstere Seite Bayerns zeigt (2017)

INTERNETZUGANG & WLAN

WLAN-Hotspots finden Sie in allen Autobahnraststätten und vielen Hauptpostämtern, fast alle Orte sind bereits großflächig erschlossen. Gratis-Netzzugang bieten die „BayernWLAN"-Hotspots, eine Liste finden Sie auf *www.wlan-bayern.de*.

JUGENDHERBERGEN

17 Jugendherbergen hat die Region. Infos gibt es beim Landesverband in München *(Tel. 089 9220980)*. Mittelalter-Feeling bieten die Schlossherbergen auf Burg Saldenburg, Burg Waldmünchen oder auf Veste Oberhaus in Passau *(www.bayern.jugendherberge.de)*.

ÖFFENTLICHE VERKEHRSMITTEL

Die Bahn zieht sich aus der Region zurück und setzt immer mehr Busse ein. Infos zu den Verbindungen auf der Webseite *www.rbo.de*. Erlebenswert sind Regionalbahnen wie z. B. die *Waldbahn* zwischen Deggendorf und Bayerisch Eisenstein, die ● *Wanderbahn (www.wanderbahn.org)* im Regental zwischen Viechtach und Gotteszell, der sommerliche *Böhmerwaldcourier (www.boehmerwaldcourier.de)* von Deggendorf nach Spitzberg und Klatovy oder Ilztal-Sonderfahrten *(www.passauer-eisenbahn.de)*. Im und um den Nationalpark verkehren gasbetriebene Busse, die sogenannten Igelbusse (s. S. 79). In den größeren Orten der Region fahren, teilweise im Zehnminutentakt, Stadtbuslinien.

POST

Die Postfilialen sind auf dem Rückzug, vielerorts verkaufen Lebensmittelläden und Bäcker Briefmarken und nehmen Post an.

WETTER IN REGENSBURG

	Jan.	Feb.	März	April	Mai	Juni	Juli	Aug.	Sept.	Okt.	Nov.	Dez.
Tagestemperaturen in °C	0	2	8	14	19	22	24	23	20	13	6	2
Nachttemperaturen in °C	-5	-5	-1	3	7	10	12	12	9	4	0	-3
☀	2	3	4	6	6	8	8	6	6	4	2	1
☂	10	9	7	9	8	12	11	11	9	9	8	9

 ☀ Sonnenschein Stunden/Tag ☂ Niederschlag Tage/Monat

REISEZEIT

Das späte Frühjahr gilt vielen Wanderern als beste Zeit. Andere bevorzugen den Herbst mit beständigerem Wetter und Fernsicht. Hochsaison ist im Juli und August. Für Wintersport sind von Dezember bis April Arber und Mitterfirmiansreut schneesicher. Die Übergänge zwischen Winter und Frühling bzw. Herbst und Winter können unangenehm vernebelt, feuchtkalt und matschig sein.

TELEFON & HANDY

Nationale Vorwahlen: Deutschland +49 | Österreich +43 | Tschechien +420
Der Empfang ist in manchen Tälern mäßig, auch im Nationalparkgebiet gibt es Funklöcher. Sollten Sie im Grenzland nicht den Anbieter wechseln wollen, sollten Sie ihr Display im Auge behalten und über manuelle Netzwahl ihren eigenen wählen.

VERGÜNSTIGUNGEN

Die meisten Regionen bieten spezielle Karten an, mit denen es Vergünstigungen bei Eintritten, Einkäufen oder Aktivitäten gibt. Mit der *Aktiv Card* etwa erhalten vor allem Familien Rabatte bei Museen, Ausstellungen und Schwimmbädern. Sogar Skier können Sie gratis ausleihen, dazu sind die Regionalbusse umsonst: *www.aktivcard-bayerischer-wald.de.* Auch mit der *Nationalpark-Card (short.travel/bay4)* ist der Besuch vieler Sehenswürdigkeiten frei oder deutlich ermäßigt. Die Karte umfasst auch das ● *GUTi*, das Gästeservice-Umwelt-Ticket *(short.travel/bay5)*, mit dem Sie den öffentlichen Nahverkehr im Tarifgebiet des Bayerwald-Tickets kostenlos nutzen können.
Eine eigene Sparkarte bietet St. Englmar mit der *Erlebnis Plus Card (www.erlebnispluscard.de)*, mit der Sie freien Eintritt in Bäder, Saunen, Tiergärten und den Klettergarten vor Ort, aber etwa auch den Waldwipfelpfad haben. Aktiv Card, Erlebnis Plus Card oder Nationalpark-Card bzw. GUTi erhalten Sie beim Einchecken in Ihrer Unterkunft, sofern Ihr Gastgeber im Verbund organisiert ist.
Die *Bayerwald-Card plus (bayerwaldcardplus.de)* gibt es ab 20 Euro und ist zeitlich begrenzt. Sie lohnt sich für alle, die viel durch die Region reisen, das Angebot ist hier besonders breit und nicht regional begrenzt. Die *Passau Card all inclusive (www.passaucard.de)* gilt für ab 24 Stunden bis 14 Tage (pro Woche ca. 42 Euro) in Stadt und Landkreis sowie Teilen Böhmens und Österreichs als Einkaufsausweis, Busticket und Eintrittskarte in 150 Einrichtungen.

WAS KOSTET WIE VIEL?

Kaffee	**2,50–4,90 Euro** *für eine Tasse*
Bier	**ab 2,90 Euro** *für den halben Liter*
Imbiss	**1,50–2 Euro** *für eine Leberkassemmel*
Souvenir	**ab 17 Euro** *für eine Flasche Blutwurz*
E-Bike	**ab 15 Euro** *für die Ausleihe pro Tag*
Busfahrt	**ab 5 Euro** *für ein Tagesticket Nationalpark*

ZOLL & GRENZVERKEHR

Beim Grenzübertritt nach Österreich und Tschechien sollten Sie Personalausweis oder Reisepass sicherheitshalber dabeihaben. Im Reiseverkehr gelten folgende Freimengen: 800 Zigaretten, 400 Zigarillos, 200 Zigarren, 1 kg Tabak, 10 l Spirituosen und 1 kg Kaffee.

REISEATLAS

Verlauf der Erlebnistour „Perfekt im Überblick"
Verlauf der Erlebnistouren

Der Gesamtverlauf aller Touren ist auch in der herausnehmbaren Faltkarte eingetragen

 Bild: Morgenstimmung bei Viechtach

Unterwegs im Bayerischen Wald

Die Seiteneinteilung für den Reiseatlas finden Sie auf dem hinteren Umschlag dieses Reiseführers

A
B
C
TEUBLITZ
MAXHÜTTE-HAIDHOF
Bruck in der Oberpfalz
NITTENAU
Reichenbach
Regenstauf
Bernhardswald
Wenzenbach
Zeitlarn
Lappersdorf
Hainsacker
REGENSBURG
Donaustauf
Donaustaufer Forst
Tegernheim
Barbing
NEUTRAUBLING
Obertraubling
Mintraching
Köfering
Alteglofsheim
Thalmassing
Hagelstadt
Sünching
Bad Abbach
Pentling
Forstmühler Forst
Walhalla
Kareth
Pettendorf
Teublitz
Stefling
Ponholz
Diesenbach
Heitzenhofen
Eichhofen
Matting
4 km
2,49 mi

D
E
F
Waffenbrunn
Willmering
CHAM
Pösing
Rodinger Forst
RODING
Schorndorf
Traitsching
Michelsneukirchen
Falkenstein
Zell
Brennberg
Rettenbach
Wiesenfelden
Naturpark
Bayerischer Wald
Stallwang
Rattiszell
Falkenfels
Haselbach
Ascha
Wiesent
WÖRTH an der Donau
Mitterfels
Steinach
Pfatter
Kirchroth
Aholfing
Straße der Kaiser und Könige
Parkstetten
Rain
Atting
Donau
STRAUBING
Gäubodenmuseum

WALDMÜNCHEN
Česká Kubice
Jelení stánek
Nová Kubice
Folmava
Dreiwappen
FURTH im Wald
Naturpark
Oberer Bayerischer Wald
Weiding
Waffenbrunn
Willmering
CHAM
Chamerau
BAD KÖTZTING
Blaibach
Miltach
Zandt
Runding
Traitsching
Köpfelsberg
DEUTSCHLAND
Prackenbach
VIECHTACH
Kollnburg
Loitzendorf
Konzell
Rattenberg
Stallwang
Rattiszell
Haibach
Sankt Englmar
Haselbach
Ascha
Glasstraße
Bier- und Burgenstraße
Großer Roßberg
Grafenwiesen
Rimbach
Sattelpeilnstein
122

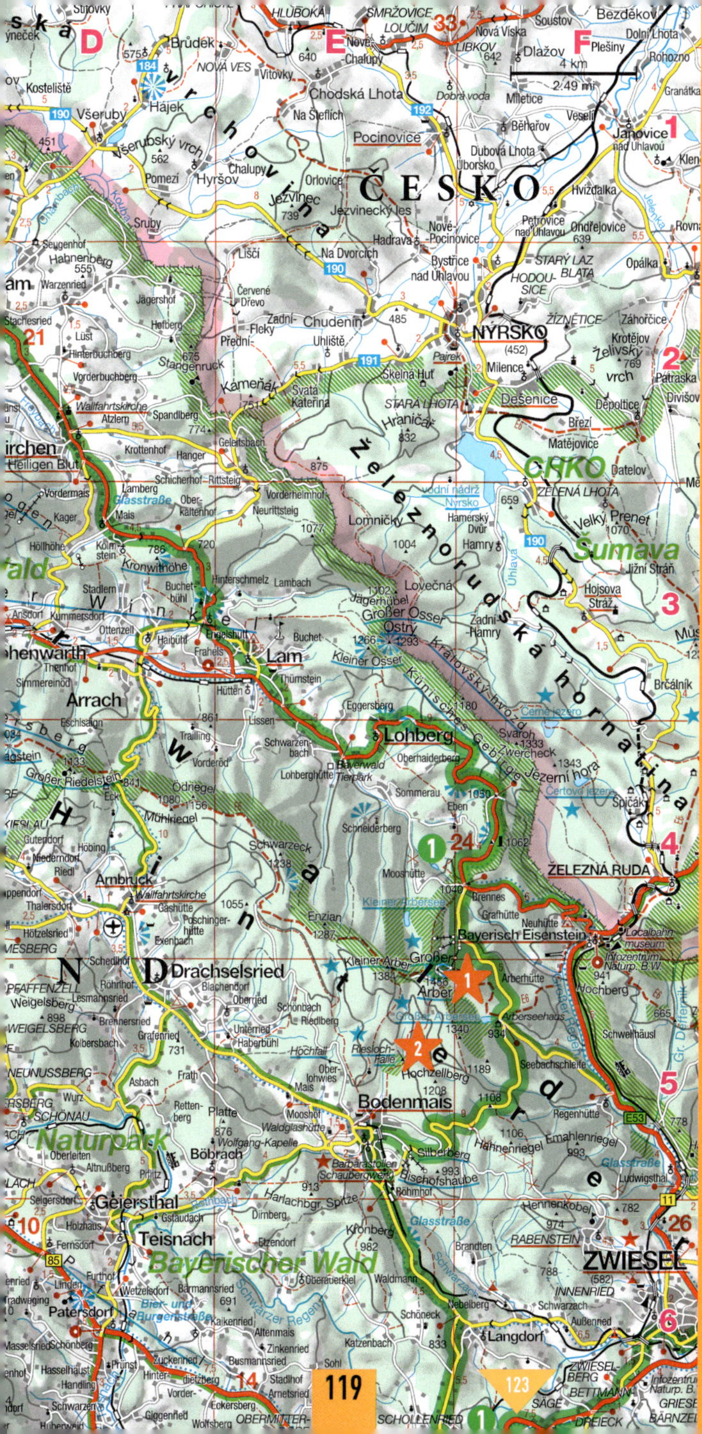
D
E
F
4 km
2.49 mi
ČESKO
Brůdek
NOVÁ VES
Vítovky
HLUBOKÁ
SMRŽOVICE
LOUČIM
Nová Víska
Soustov
Bezděkov
Dolní Lhota
Plešiny
Rohozno
Nové Chalupy
LIBKOV
Dlažov
Kosteliště
Všeruby
Hájek
Chodská Lhota
Dobrá voda
Miletice
Na Steflích
Veselí
Janovice nad Úhlavou
Běhařov
Všerubský vrch
Pocinovice
Dubová Lhota
Úborsko
Chalupy
Pomezí
Hyršov
Orlovice
Jezvinec
Jezvinecký les
Hvížďalka
Sruby
Petrovice nad Úhlavou
Ondřejovice
Nové Pocinovice
Hadrava
Seugenhof
Hahnenberg
Liščí
Na Dvorcích
Bystřice nad Úhlavou
Opálka
STARÝ LAZ
BLATA
HODOUSICE
Warzenried
Jägershof
Červené Dřevo
Zadní Chudenín
Přední Fleky
Uhliště
Stachesried
Lüst
Hinterbuchberg
Vorderbuchberg
Helberg
NÝRSKO
(452)
ŽÍZNĚTICE
Záhořčice
Krotějov
Želivský vrch
Pajrek
Milence
Stangenruck
Kameňák
Svatá Kateřina
Skelná Huť
Pátraska
Divišov
Wallfahrtskirche
Atzlern
Spandlberg
STARÁ LHOTA
Hraničář
Dešenice
Děpoltice
Březí
Krottenhof
Hanger
Geleitsbach
Matějovice
CHKO
Datelov
Heiligen Blut
Schicherhof
Rittsteig
Lamberg
Glasstraße
Vordermais
Mais
Kager
Oberkaltenhof
Vorderhelmhof
Neurittsteig
ZELENÁ LHOTA
vodní nádrž Nýrsko
Velký Prenet
Šumava
Lomničky
Hamerský Dvůr
Hamry
Úhlava
Jižní Stráň
Höllhöhe
Kolmstein
Kronwithöhe
Hinterschmelz
Lambach
Lovečná
Hojsova Stráž
Stadlern
Buchetbühl
Jägerhübel
Großer Osser
Ostrý
Zadní Hamry
Ansdorf
Kummersdorf
Ottenzell
Haibühl
Engelshutt
Buchet
Frahels
Lam
Kleiner Osser
Hohenwarth
Thenhof
Simmereinöd
Hütten
Thürnstein
Královský hvozd
Künisches Gebirge
Arrach
Eschlsaign
Lissen
Eggersberg
Černé jezero
Brčálník
Trailing
Vorderöd
Schwarzenbach
Lohberg
Oberhaiderberg
Svaroh
Zwercheck
Jezerní hora
Großer Riedelstein
Lohberghütte
Bayerwald Tierpark
Sommerau
Ödriegel
Mühlriegel
Eck
Eben
Čertovo jezero
Špičák
Schneiderberg
Gutendorf
Niederndorf
Riedl
Höbing
Schwarzeck
Mooshütte
ŽELEZNÁ RUDA
Armbruck
Thalersdorf
Gashütte
Poschingerhütte
Kleiner Arbersee
Brennes
Grafhütte
Neuhütte
Hötzelsried
Exenbach
Enzian
Bayerisch Eisenstein
Localbahnmuseum
Infozentrum Naturp. B.W.
Schedlhof
Drachselsried
Kleiner Arber
Großer Arber
Arberhütte
Hochberg
PFAFFENZELL
Weigelsberg
Röhrnhof
Lesmannsried
Blachendorf
Oberried
Schönbach
Riedlberg
Großer Arbersee
Arberseehaus
Schwellhäusl
WEIGELSBERG
Brennersried
Kolbersbach
Grafenried
Unterried
Haberbühl
Hochfall
Rieslochfälle
Seebachschleife
Gr. Deffernik
NEUNUSSBERG
Asbach
Frath
Oberlohwies
Hochzellberg
Regenhütte
SCHÖNAU
Wurz
Rettenberg
Platte
Mooshof
Waldglashütte
Bodenmais
Naturpark
Wolfgang-Kapelle
Emahlenriegel
Oberleiten
Altnußberg
Böbrach
Barbarastollen
Schaubergwerk
Silberberg
Bischofshaube
Ludwigsthal
Seigersdorf
Geiersthal
Gstaudach
Harlachbgr. Spitze
Böhmhof
Hennenkobel
Holzhaus
Teisnach
Dirnberg
Etzendorf
Kronberg
Brandten
RABENSTEIN
Fernsdorf
Bayerischer Wald
ZWIESEL
(582)
Furthof
Linden
Wetzelsdorf
Barmannsried
Oberauerkiel
Waldmann
INNENRIED
Patersdorf
Bier- und Burgenstraße
Kaikenried
Schwarzer Regen
Nebelberg
Schwarzach
Außenried
Altenmais
Schöneck
Langdorf
Masselsried
Schönberg
Zinkenried
Katzenbach
Hasselhaust
Prünst
Zuckenried
Busmannsried
Sohl
Handling
Hinterdietzberg
Vorderdietzberg
Stadlhof
Arnetsried
ZWIESELBERG
BETTMANN
Infozentrum Naturp. B.
Schwarzen
Eckersberg
Giggenried
Wolfsberg
OBERMITTERDORF
SCHOLLENRIED
SÄGE
GRIESBACH
BÄRNZELL
DREIECK
123

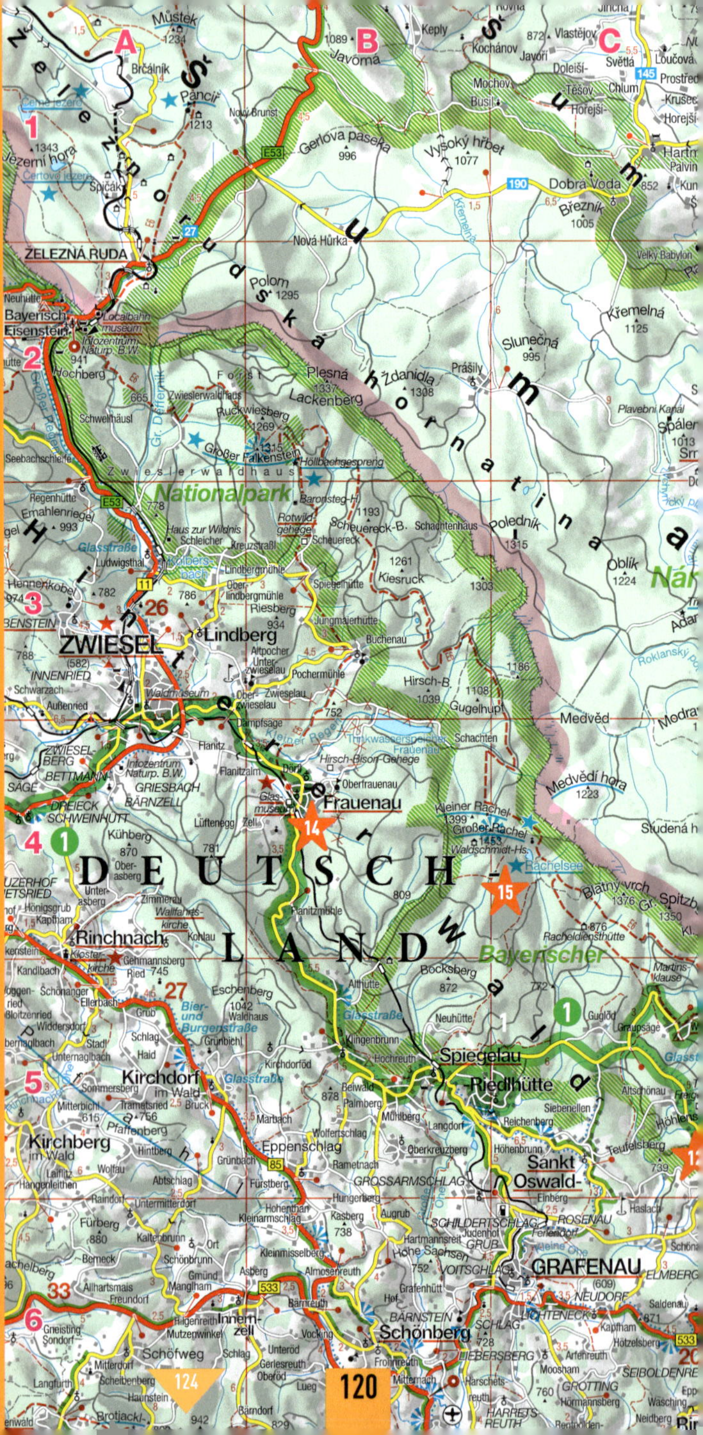
A
B
C
1
2
3
4
5
6
Železná Ruda
Bayerisch Eisenstein
Šumava
Železnorudská hornatina
Hinterer Bayerischer Wald
Nationalpark Bayerischer Wald
DEUTSCHLAND
Zwiesel
Lindberg
Frauenau
Spiegelau
Riedlhütte
Sankt Oswald-
Grafenau
Rinchnach
Kirchdorf im Wald
Kirchberg im Wald
Eppenschlag
Innernzell
Schönberg
Schöfweg
Großer Falkenstein 1315
Großer Rachel 1453
Kleiner Rachel 1399
Rachelsee
Polom 1295
Plesná Lackenberg 1337
Ždanidla 1308
Poledník 1315
Medvědí hora 1223
Blatný vrch Gr. Spitzberg
Gerlova paseka
Vysoký hřbet 1077
Nová Hůrka
Dobrá Voda
Březník 1005
Javorná 1089
Můstek 1234
Pancíř 1213
Špičák
Slunečná 995
Prášily
Křemelná 1125
Oblík 1224
Hochberg 941
Glasstraße
Bier- und Burgenstraße
E53
11
85
533
190
27
26
14
15
33
124

D
E
F
1
2
3
4
5
6
ČESKO
Vimperská vrchovina
Český les
Šumava
CHKO
park
Albrechtice
Rozsedly
Damíč
V Chaloupkách
Strašice
Hodějov
Plátoř
Milčice
Napajedla
Věštín
Panské Mlýny
Němčice
Dlouhá Ves
Sedlo
Nahořánky
Parýzek
Víska
Nová Ves
Hoslovice
Bohdašice
Šimanov
Strašín
Lhota pod Kůstrým
Maleč
Kváskovice
Chrasnice
Humpolec
Ostružno
Kůstrý
Hořejšice
Dřešínek
Nový Dvůr
Klepačka
Nezdice na Šumavě
Lazny
Mrazové srázy u Lazen
Zálesí
Dražov
Dřešín
Tuškov
Kašperk
Pohorsko
Zuklin
U Biskupa
Dobrš
Opolenec
Kašperské Hory
(758)
Milíkov
Přečínské Chalupy
Chvalšovice
Na Kobylce
Rejštejn
Javorník
Vrbice
Přečín
Vacov
Vacovice
Řetenice
Bošice
Peckov
Vacovický vrch
Tejmlov
Rohanov
Vlkonice
Miřetice
Kalený vrch
Horosedly
Kaisrův Dvůr
Kozí Hřbet
Nicov
Úbislav
Zahrádky
Benešova Hora
Ptákova Lhota
Velký
Malý
Lídlovy Dvory
Červená Pila
Karlina Pila
Mladíkov
Nespice
Dolany
Svojše
Studenec
Šebestov
Čábuze
Vitovce
Žár
Mlýny
Onšovice
Spůle
Podlesí
Chalupy
Jaroškov
Hodonín
Michalov
Studnice
Stachy
Putkov
Popelná
Branišov
Vyšehrad
Zdíkovec
Račov
Vyškovice
Paříž
Huťská hora
Řihov
Masákova Lhota
Povydří
Kusov
Blahov
Zdíkov
Modlenice
Zadov
Nový Dvůr
Žirec
Churáňov
Křesanov
Cejsice
Bořanovice
Albrechtec
Hrabice
Horská Kvilda
Zdíkovský les
Kamenná Lhota
Vydří Most
Kamenná hora
Sokol
Horní Antýgl
Vimperk
(694)
Jezerní slať
Příilba
Nové Hutě
Klášterec
Sklárě
Filipova Huť
Šindlov
Stará Lipka
Solná Lhota
Lipecký les
Korkusova Huť
Tetřev
Kvilda
Kamenná
Michlova Huť
Lipka
Kupa
Janská hora
Chalupská slať
Světlá hora
Františkov
Nový Svět
Arnoštka
Teplá Vltava
Svinná Lada
Filipovský les
Vyhlídka
Borová Lada
Stolová hora
Obrovec
Kubova Huť
Černá hora
Hraničný les
Lišcí hřbety
Paženi
Bučina
Schwarzbachklause
Steinfleckberg
Knížecí Pláně
Polecký vrch
Rači
Horní Vltavice
Jugendzeltendorf
Reifenkopf
Polka
Freilichtmuseum
Finsterau
Nová Houžná
Ždárek
Ždárecká hora
Chlustov
Houžná
Schustersäge
Heinrichsbrunn
Strážný
Kunžvart
Hohlstein
Hlinište
Vlčí Jámy
Hohenröhren
Strážný
Rasnice
Hinterfirmiansreut
Spicking
Radvanovský vrch
Zwölfhäuser
Mitterfirmiansreut
Mauth
Almberg
Silnická hora
Steinberg
Kanzel
Alpe
Schönau
Felswandergebiet
Annathalmühle
Schnellenzipf
České Žleby
Schönbrunner Häusel
Glashütte
Vorderfirmiansreut
Vierhäuser
Marchhäuser
Neuraimundsreut
Annathal
Sperrbühl
Schwarzenthal
Langreut
Žlebský kopec
Raimundsreut
Neuhütte
Philippsreut
Schönbrunn
Bärnbachruhe
Bischofsreut
Schwarzkopf
4 km
2,49 mi
Kirchl
Oberkashof
Reschwasser
Schönau
Anger
Schlichtenberg
Auersbergsreut
Unterkashof
Glasstraße
Sulzberg
Heldengut
Haberau
Bierhütte
Herzogsreut
Wüstung Leopoldsreut
Theresienreut
Kreuzberg
Saulorn
Spelten-Bach
Sonndorf
Haidmühle
Hinterschmiding
Haidel
Linden

125

118
A
B
C
Haselbach
Ascha
Mitterfels
Oberwiesing
Landasberg
Wahdorf
Vornwald
Hacka
Münchszell
Predigtstuhl
1024
Glashütt
Mitterberg
Schusterstein
998
Weghof
Naturpark
Bayerischer Wald
Neukirchen
Rettenbach
Randsburg
Achslach
Reinbachholz
Unterwachsenberg
Rohrnau
Riglberg
Ehren
Gaishausen
Grub
Steinburg
Taußersdorf
Unter-mühlbach
Hintersollach
Kager
Obermühlbach
Rottensdorf
Haigrub
Kostenz
Oedwies
1095
Lindenau
Hirschenstein
Schwarzacher Hochwald
892
Höhenberg
Kohlwessen
Rauher Kulm
1050
Frath
Grün
Weingarten
Hartberg
Rammersberg
GROSSLINTACH
Bauernholz
Wasserschloss
Wallfahrtskirche Heiliges Kreuz
Perasdorf
Oberbucha
592
Schellnberg
Unterperasdorf
Gattendorf
Grandsberg
Hinterhof
Kalteck
Hunderdorf
TRUDENDORF
Lintach
Unterholzen
Irensfelden
Sankt Maria
Meidendorf
Allersdorf
Vorderhof
Windberg
Schwarzenstein
Eben
Krin
Böbrach
Rieth
Buchet
Unterkager
Degenberg
690
Velling
Edersdorf
Innerirlach
Wimpassing
Weißbach
Bernried
Sendbühl
Leithen
Hammet
Nieder-menach
Sollach
Hofdorf
Staudach
Bogen
RANKAM
DEGERNBACH
Schönbühl
Einfürst
Unterpischlsberg
Grafenberg
Schwarzach
Weißenberg
Wallfahrtskirche
Absetz
Staudach
Windsteig
Berghof
Medernberg
Edenstett
FURTH
Sankt Peter und Paul
OBERALTEICH
Bayerischer Wald
Bärndorf
Sulzbach
Donau
BOGEN
Wallfahrtskirche
WALTERSDORF
BREITENWEINZIER
Gaißing
Hanselberg
Lindforst
Amosried
Albertsried
Penzenried
Innenstetten
Pilling
Einöd
Finsing
Buchberg
Schloss
Birket
Egg
HAID
SAND
UNTEROBLING
Hunderdorf
Bogenberg
432
(322)
383
Lohhof
DÖRFLING
LIEPOLDING
Waldholz
Schwarzach
Hörabach
Haid
Aschenau
Hartham
403
Asham
Hermannsdorf
Aichbach
PFELLING
Haag
Sagstetten
E56
Niederwinkling
Welchenberg
Dürnhaid
Breitenhausen
Stegerts
Wörth
Hubing
Wolfstein
Neuhausen
Mettenbuch
Mettenbuch
Metten
Moosdorf
(330)
Fruhstorf
Amselfing
Ackerhof
Sophienhof
Entau
Lenzing
Alkofen
Buglau
Seiderau
Steinfurth
Aicha
Eng
Draht
Burgstall
Offenberg
Schloss
Himmelberg
Klein-schwarzach
Metten
Zeitldorf
Kloster Metten
METTENUFER
Scharbach
Irlbach
Lehen
Waltendorf
Loham
Fahrndorf
Sommersdorf
Hundldorf
DEGGENDORF
325
Burgstall
Lindhof
Niederhart-hausen
Niederast
Straßkirchen
Wallfahrtskirche Heilig Kreuz
Mariaposching
315
Wischlburg
Steinkirchen
Bergham
(315)
NATTERNBERG
383
DEG-Mitte
Fehmbach
STAUFFENDORF
RETTENBACH
336
Oedhof
Haberkofen
326
Stephansposching
Uttenhofen
Steinfurth
MAINKOFEN
ROHR
Siebenkofen
Niederschneiding
Paitzkofen
Makofen
Gänsdorf
327
Friesendorf
Freundorf
Michaelsbuch
Hettenkofen
Taiding
Stetten
Thal
Seehof
Rottersdorf
Wappersdorf
Rottenmann
Plattling-West
HÖHENRAIN
Ringkofen
PANKOFEN
Plattling-Nord
Schiltorn
Oberschneiding
Peinkofen
Grafling
Lichtenberg
Fierlbach
Hankhof
Niederwalting
Münchshöfen
Mattenkofen
Altenbuch
ENZKOFEN
PLATTLING
Münchsdorf
Hienhart
Büchling
Neubüchling
Wolfersdorf
Eisenstorf
Sankt Jakob
(320)
Messerermühle
Großenpinning
See
Arndorf
Otzing
PIELWEICHS
Lichthof
Neuhausen
Vierhöfen
Kleinweichs
Reißinger Bach
Isar
Kleinpinning
E53
Asenhof
Haunersdorf
Tabertshausenschwaig
Kühmoos
Haidenkofen
Wallersdorf-Nord
Gamschwaig
Isarau
Schwarzwöhr
Triebing
Lailling
Haidling
Wallersdorf
Neutiefenweg
Gosselding
Wallersdorf-West
Moosfürth
Karlshof
Altiefenweg
Tabertshausen
Aholming
Ganacker
Wallersdorfermoos
Längenmühlbach
Penzling
Wimsing
Niederpöring
Oberpöringermoos
Bamling
Pilsting
Moos
FRAMMERINGERMOOS
KLEEGARTEN
Maria Burg Kapelle
Oberpöring
Oberviehhausen
Buchhofen
Neusling
Landau an der Isar
Westerndorf
Ettling
Herblfing
Wallerfing
Putting
KIRCHDORF
LANDAU an der Isar
Pilstinger Moos
ZEHOLFING
Poldering
Gneiding
Brünnlkapelle
Bachling
Ramsdorf
Harburg
HERZOGAU
(390)
Kothingeichendorf
OBERFRAMMERING
Meisternthal
Brunnberg
Zeitlstadt
Neubachling
Eschlbach
408
RAFFELS
Zulling
Mariae Himmelfahrt
Sondermam
Haid
Unterfrauenholz
Hansöd
Einöden
USTERLING
THALHAM
Schönberg
Wisselsdorf
Gneidingerhart
Ammersöd
Anning
Wachsender Felsen
NIEDERHÖCKING
Rappach
KAMMERN
435
Hilgersdorf
Helmbart
Gschaid
Steinberg
OBERHÖCKING
441
Dietlsberg
Schlupfing
Reisach
Ganackersberg
Rohrbach
Berg
Pitzling
Hartkirchen
Eichet
Neuolling
Kleinkager
FICHTHEIM
Eggendorf
Ölling
361
Wochenweis
Habersbrunn
WINDSCHNUR
MÖDING
Wannersdorf
Hermannsdorf
Hütt
Einstorf
Reichstorf
Stocka
WOLFSDORF
WILDTHURN
Lappersdorf
Vils
Jungholzen
Thanhocking
Exing
Adldorf
Badersdorf
Dornach
Brunnhof
REICHERSDORF
Rannersdorf
Eichendorf
Hellenhart
WEIHERN
Holzhäuseln
Sommersberg
HAAG
METTENHAUSEN
Aufhausen
Prunn
Enzerweis
Grimöd
Burg
Gablöd
Jahrstorf

REGEN
Zachenberg
Rinchnach
Bischofsmais
Kirchdorf im Wald
Kirchberg im Wald
Schaufling
Lalling
Hunding
Schöfweg
Auerbach
Grattersdorf
Zenting
Hengersberg
Niederalteich
Schöllnach
Iggensbach
Winzer
Außernzell
Eging am See
OSTERHOFEN
Künzing
Hofkirchen
Windorf
VILSHOFEN
Lallinger Winkel
Bayerischer Wald
Donau
Burgruine
Teufelstisch
Wallfahrtskirche
Kloster kirche
Sankt Mauritius
Klosterkirche Sankt Margaretha
Bier- und Burgenstraße
Glasstraße
Brotjacklriegel 1016
Dreitannenriegel
Einödriegel 1121
Geißkopf 1097
Hausstein 917
Landshuter Hs.
St. Hermann
Ohe
Kleine Ohe
Infozentrum Naturp. B.W.
4 km
2,49 mi
D
E
F
1
2
3
4
5
6

119
126

120
A
B
C
Zenting
Saldenburg
Thurmansbang
Perlesreut
Ringelai
Tittling
Fürstenstein
Eging am See
Witzmannsberg
Neukirchen v. Wald
Aicha vorm Wald
DEUTSC
Hutthurm
Ruderting
Büchlberg
Tiefenbach
Salzweg
Thyrnau
PASSAU
Fürstenzell
Neuburg am Inn
Schardenberg
Brunnenthal
SCHÄRDING
Neuhaus am Inn
ÖS
Glasstraße
Bier- und Burgenstraße
Ilzstausee
127

D
E
F
121
1
2
3
4
5
6
4 km
2.94 mi
Hinterschmiding
Herzogsreut
Rathbachau
Wüstung Leopoldsreut
Haberau
Theresienreut
Haidmühle
Jeleni
Haidel
1167
Kalte Moldau
Ludwigsreut
Spičák
Steinberg
Grainet
Oberseilberg
Hackelberg
1049
Glasstraße
Obergrainet
Frauenberg
Dreisesselberg
1332
ČESKO
Bayerischer Wald
PROMAU
Rehberg
Duschlberg
Dreisesselhaus
Smrčiny
Trojmezna hora
Hochkamm
Plechý
1378
Plöckenstein
SCHLÖSSBACH
Kronwinkel
Vorderfreundorf
Hinterfreundorf
Altreichenau
Michelklause
Pleckenstein
KANAU
BÖHMZWIESEL
Exenbach
Schimmelbach
Lackerau
Riedelsbach
Pendelin
Oberschwarzenberg
Neureichenau
Zillberg
Gänswies
Fischergrün
Lackenhäuser
Zwiesel
Schwarzenberg am Böhmerwald
Jandelsbrunn
Langbruck
Klafferstraß
Mühlviertler Weberstraße
WALDKIRCHEN
ERLAUZWIESEL
RATZING
Wollaberg
Gsteinet
Breitenberg
Hinteranger
Panidorf
Vorderanger
Neidlingerberg
Stocking
Rosenberg
Neuwald
Steinerfurth
Gegenbach
Rastbüchl
Sonningersteig
Große Mühl
Seitenschlag
HOLZFREYUNG
Dickenbüchel
Oberneureuth
Sonnen
Jägerbild
Schönberg
Gollnerhäuser
Kriegwald
Bräuerau
Gollnerberg
Hirschenberg
Kohlstatt
Friedrichsberg
Sagberg
Julbach
Freudensee
Bauzing
RASSREUTH
Geiersberg
Penzenstadl
Krinning
Holzgattern
Schauberg
Stüblhäuser
HAUZENBERG
Kramersdorf
WEHRBERG
Haidensäg
Großer Rathberg
Thalberg
Hinterschiff
Heinrichsberg
Staffelberg
Ruhmannsberg
Kleinrathberg
Oppenberg
Vorderschiff
Stift am Grenzbach
Nebelberg
GERMANNSDORF
KROPFMÜHL
Graphit Bergwerk
Kühberg
Rablhäuser
Krennerhäuser
Meßnerschlagerwaide
Froschau
Lacken
Meßnerschlag
Hinternebelberg
Vordernebelberg
Hochwinkl
Schönau
Kasberg
Kramerschlag
Kollerschlag
AUBACH
Leizesberg
Pfaffenreut
Ratzing
Thurnreuther Berg
Schlehreut Sanatorium
Wegscheid
Hanging
Mistlberg
Lengau
Saxing
Spechting
Friedlgrub
Thurnreuth
Winkelhammer
388
Schröck
Duschetsödt
Stratberg
Rackling
Rothenkreuz
Habersdorf
Kinzesberg
Unterötzdorf
Niederwegscheid
Garmer
Aigisöd
Lamprechtswiesen
Albenödt
Schöffgattern
Untergriesbach
Oberötzdorf
Wildenranna
Mitterwasser
Hartmannsreut
Fronau
Haselbach
Mollmannsreith
Leiten
Grub
Pölzöd
Gossingerreut
Obernzell
Gammertshof
Rannahof
Rannastausee
Maierhof
Hochödt
Kaffring
Ameisberg
Schinken
Krampelstein
Scherleinsöd
Diendorf
Wüstenberg
Eidenberg
Hutstein
Mitternschlag
Lämmersdorf
Dienberg
Glotzing
Osterwasser
Oberkappel
Amesedt
Hohenschlag
Grettenbach
Weberschlag
Kasten
Oberachleiten
Unterod
Wesseslinden
Aumühle
Albernberg
Erdmannsdorf
Endsfelden
Stollberg
Ramesberg
Gottsdorf
Neustift im Mühlkreis
Pernersdorf
Konzing
Karlsbach
Wurzwoll
Vernatzgersdorf
Nibelungenstraße
130
Vichtenstein
Donau
Riedl
Haitzendorf
Rannastausee
Pollmannsdorf
Jochenstein
Kleinmollsberg
Eitzendorf
Eilmannsberg
Schlag
Putzleinsdorf
Haugstein
876
Engelhartszell
Großmollsberg
Steinlacken
Buchhof
Wehrbach
Pfarrkirchen im Mühlkreis
Engelszell
Trappisten Kloster
Altenhof
Gerastorf
Atzgersdorf
ÖSTERREICH
Falkenstein
Hötzendorf
Hofkirchen im Mühlkreis
Haag
Steinstraß
Sankt Roman
Großer Schefberg
Simling
Neuhofen
Sankt Aegidi
Saag
Rannariedl
Oberranna
Zum heiligen Johannes dem Täufer
Harrau
Hundsfülling
Niederranna
Emmerstorf
Oberwimm
30
Feichtberg
Straße der Kaiser und Könige
Schauern
Tullern
Wiesen
Lehen
Eck
Marsbach
Ratzelsdorf
Ameisberg
Paulsdorf
Prünst
Frauenhof
Wesenufer
Nibelungenstraße
Dorf
Ludham
Neukirchendorf
Eitzenberg
Wollmanns-
Königsed

123
A
B
C
1
2
3
4
5
6
12
15
20
VILSHOFEN
Aldersbach
Aidenbach
Beutelsbach
Ortenburg
Egglham
Johanniskirchen
Dietersburg
Haarbach
Roßbach
D E U T S C H L
Bad Birnbach
BAD GRIES
PFARRKIRCHEN
Triftern
Bayerbach
Kößlarn
Rotthal-münst
Wittibreut
Malching
Stubenberg
Ering
R o t t a l
SIMBACH am Inn
BRAUNAU am Inn
Wallfahrtskirche Christi Auferstehung
Klosterkirche Mariae Himmelfahrt REUT
Wallfahrtskirche M. Himmelfahrt
Heilige Dreifaltigkeit
Klosterkirche Sankt Matthäus
Schellenberg
Barockstraße
Stausee
Inn
4 km
2.49 mi

D
E
F
124
Tiefenbach
Salzweg
Thyrnau
Passau
Hacklberg
Haidenhof
Innstadt
Freinberg
Neustift
Schalding
Fürstenzell
Neuburg am Inn
Wernstein am Inn
Schardenberg
Schärding
Neuhaus am Inn
Sankt Florian am Inn
Ruhstorf an der Rott
Pocking
Suben
Sankt Marienkirchen bei Schärding
Taufkirchen an der Pram
Bad Füssing
Reichersberg
Obernberg am Inn
Antiesenhofen
Eggerding
Mayrhof
Lambrechten
Ort im Innkreis
Mörschwang
Kirchdorf am Inn
Sankt Georgen bei Obernberg am Inn
Sankt Martin im Innkreis
Utzenaich
Weilbach
ÖSTERREICH
Pockinger Heide
Neuburger Wald
Glasstraße

KARTENLEGENDE

Autobahn · Gebührenpflichtige Anschlussstelle · Gebührenstelle · Anschlussstelle mit Nummer · Rasthaus mit Übernachtung · Raststätte · Kleinraststätte · Tankstelle · Parkplatz mit und ohne WC	Trento 11	Motorway · Toll junction · Toll station · Junction with number · Motel · Restaurant · Snackbar · Filling-station · Parking place with and without WC
Autobahn in Bau und geplant mit Datum der voraussichtlichen Verkehrsübergabe	Datum Date	Motorway under construction and projected with expected date of opening
Zweibahnige Straße (4-spurig)		Dual carriageway (4 lanes)
Fernverkehrsstraße · Straßennummern	14 E45	Trunk road · Road numbers
Wichtige Hauptstraße		Important main road
Hauptstraße · Tunnel · Brücke		Main road · Tunnel · Bridge
Nebenstraßen		Minor roads
Fahrweg · Fußweg		Track · Footpath
Wanderweg (Auswahl)		Tourist footpath (selection)
Eisenbahn mit Fernverkehr		Main line railway
Zahnradbahn, Standseilbahn		Rack-railway, funicular
Kabinenschwebebahn · Sessellift		Aerial cableway · Chair-lift
Autofähre · Personenfähre		Car ferry · Passenger ferry
Schifffahrtslinie		Shipping route
Naturschutzgebiet · Sperrgebiet		Nature reserve · Prohibited area
Nationalpark · Naturpark · Wald		National park · natural park · Forest
Straße für Kfz. gesperrt		Road closed to motor vehicles
Straße mit Gebühr		Toll road
Straße mit Wintersperre	XII-II	Road closed in winter
Straße für Wohnanhänger gesperrt bzw. nicht empfehlenswert		Road closed or not recommended for caravans
Touristenstraße · Pass	Weinstraße 1510	Tourist route · Pass
Schöner Ausblick · Rundblick · Landschaftlich bes. schöne Strecke		Scenic view · Panoramic view · Route with beautiful scenery
Heilbad · Schwimmbad		Spa · Swimming pool
Jugendherberge · Campingplatz		Youth hostel · Camping site
Golfplatz · Sprungschanze		Golf-course · Ski jump
Kirche im Ort, freistehend · Kapelle		Church · Chapel
Kloster · Klosterruine		Monastery · Monastery ruin
Synagoge · Moschee		Synagogue · Mosque
Schloss, Burg · Schloss-, Burgruine		Palace, castle · Ruin
Turm · Funk-, Fernsehturm		Tower · Radio-, TV-tower
Leuchtturm · Kraftwerk		Lighthouse · Power station
Wasserfall · Schleuse		Waterfall · Lock
Bauwerk · Marktplatz, Areal		Important building · Market place, area
Ausgrabungs- u. Ruinenstätte · Bergwerk		Arch. excavation, ruins · Mine
Dolmen · Menhir · Nuraghen		Dolmen · Menhir · Nuraghe
Hünen-, Hügelgrab · Soldatenfriedhof		Cairn · Military cemetery
Hotel, Gasthaus, Berghütte · Höhle		Hotel, inn, refuge · Cave
Kultur		**Culture**
Malerisches Ortsbild · Ortshöhe	WIEN (171)	Picturesque town · Elevation
Eine Reise wert	★★ MILANO	Worth a journey
Lohnt einen Umweg	★ TEMPLIN	Worth a detour
Sehenswert	Andermatt	Worth seeing
Landschaft		**Landscape**
Eine Reise wert	★★ Las Cañadas	Worth a journey
Lohnt einen Umweg	★ Texel	Worth a detour
Sehenswert	Dikti	Worth seeing
MARCO POLO Erlebnistour 1		**MARCO POLO Discovery Tour 1**
MARCO POLO Erlebnistouren		**MARCO POLO Discovery Tours**
MARCO POLO Highlight	1	**MARCO POLO Highlight**

FÜR IHRE NÄCHSTE REISE ...

ALLE **MARCO POLO** REISEFÜHRER

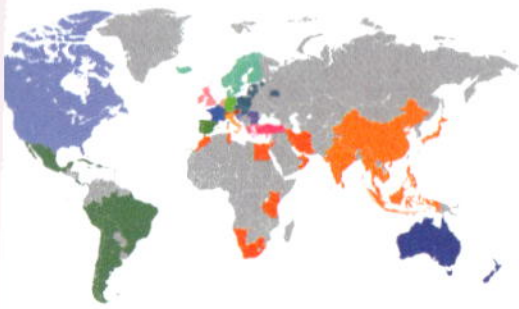

DEUTSCHLAND

Allgäu
Bayerischer Wald
Berlin
Bodensee
Chiemgau/ Berchtesgadener Land
Dresden/ Sächsische Schweiz
Düsseldorf
Eifel
Erzgebirge/ Vogtland
Föhr & Amrum
Franken
Frankfurt
Hamburg
Harz
Heidelberg
Köln
Lausitz/Spreewald/ Zittauer Gebirge
Leipzig
Lüneburger Heide/ Wendland
Mecklenburgische Seenplatte
Mosel
München
Nordseeküste Schleswig-Holstein
Oberbayern
Ostfriesische Inseln
Ostfriesland/Nordseeküste Niedersachsen/Helgoland
Ostseeküste Mecklenburg-Vorpommern
Ostseeküste Schleswig-Holstein
Pfalz
Potsdam
Rheingau/ Wiesbaden
Rügen/Hiddensee/ Stralsund
Ruhrgebiet
Schwarzwald
Stuttgart
Sylt
Thüringen
Usedom/Greifswald
Weimar

ÖSTERREICH SCHWEIZ

Kärnten
Österreich
Salzburger Land
Schweiz
Steiermark
Tessin
Tirol
Wien
Zürich

FRANKREICH

Bretagne
Burgund
Côte d'Azur/ Monaco
Elsass
Frankreich
Französische Atlantikküste
Korsika
Languedoc-Roussillon
Loire-Tal
Nizza/Antibes/ Cannes/Monaco
Normandie
Paris
Provence

ITALIEN MALTA

Apulien
Dolomiten
Elba/Toskanischer Archipel
Emilia-Romagna
Florenz
Gardasee
Golf von Neapel
Ischia
Italien
Italienische Adria
Italien Nord
Italien Süd
Kalabrien
Ligurien/ Cinque Terre
Mailand/ Lombardei
Malta & Gozo
Oberital. Seen
Piemont/Turin
Rom
Sardinien
Sizilien/ Liparische Inseln
Südtirol
Toskana
Venedig
Venetien & Friaul

SPANIEN PORTUGAL

Algarve
Andalusien
Azoren
Barcelona
Baskenland/ Bilbao
Costa Blanca
Costa Brava
Costa del Sol/ Granada
Fuerteventura
Gran Canaria
Ibiza/Formentera
Jakobsweg Spanien
La Gomera/ El Hierro
Lanzarote
La Palma
Lissabon
Madeira
Madrid
Mallorca
Menorca
Portugal
Spanien
Teneriffa

NORDEUROPA

Bornholm
Dänemark
Finnland
Island
Kopenhagen
Norwegen
Oslo
Schweden
Stockholm
Südschweden

WESTEUROPA BENELUX

Amsterdam
Brüssel
Cornwall & Devon
Dublin
Edinburgh
England
Flandern
Irland
Kanalinseln
London
Luxemburg
Niederlande
Niederländische Küste
Oxford
Schottland
Südengland

OSTEUROPA

Baltikum
Budapest
Danzig
Krakau
Masurische Seen
Moskau
Plattensee
Polen
Polnische Ostseeküste/ Danzig
Prag
Slowakei
St. Petersburg
Tallinn
Tschechien
Ungarn
Warschau

SÜDOSTEUROPA

Bulgarien
Bulgarische Schwarzmeerküste
Kroatische Küste Dalmatien
Kroatische Küste Istrien/Kvarner
Montenegro
Rumänien
Slowenien

GRIECHENLAND TÜRKEI ZYPERN

Athen
Chalkidikí/ Thessaloníki
Griechenland Festland
Griechische Inseln/ Ägäis
Istanbul
Korfu
Kos
Kreta
Peloponnes
Rhodos
Sámos
Santorin
Türkei
Türkische Südküste
Türkische Westküste
Zákinthos/Itháki/ Kefalloniá/Léfkas
Zypern

NORDAMERIKA

Chicago und die Großen Seen
Florida
Hawai'i
Kalifornien
Kanada
Kanada Ost
Kanada West
Las Vegas
Los Angeles
New York
San Francisco
USA
USA Ost
USA Südstaaten/ New Orleans
USA Südwest
USA West
Washington D.C.

MITTEL- UND SÜDAMERIKA

Argentinien
Brasilien
Chile
Costa Rica
Dominikanische Republik
Jamaika
Karibik/ Große Antillen
Karibik/ Kleine Antillen
Kuba
Mexiko
Peru & Bolivien
Yucatán

AFRIKA UND VORDERER ORIENT

Ägypten
Djerba/ Südtunesien
Dubai
Iran
Israel
Jordanien
Kapstadt/ Wine Lands/ Garden Route
Kapverdische Inseln
Kenia
Marokko
Marrakesch
Namibia
Oman
Rotes Meer & Sinai
Südafrika
Tansania/Sansibar
Tunesien
Vereinigte Arabische Emirate

ASIEN

Bali/Lombok/Gilis
Bangkok
China
Hongkong/Macau
Indien
Indien/Der Süden
Japan
Kambodscha
Ko Samui/ Ko Phangan
Krabi/ Ko Phi Phi/ Ko Lanta/Ko Jum
Malaysia
Myanmar
Nepal
Peking
Philippinen
Phuket
Shanghai
Singapur
Sri Lanka
Thailand
Tokio
Vietnam

INDISCHER OZEAN UND PAZIFIK

Australien
Malediven
Mauritius
Neuseeland
Seychellen

Viele MARCO POLO Reiseführer gibt es auch als eBook – und es kommen ständig neue dazu!
Checken Sie das aktuelle Angebot einfach auf: www.marcopolo.de/e-books

REGISTER

In diesem Register sind alle im Reiseführer erwähnten Orte und Ausflugsziele sowie einige wichtige Personennamen aufgeführt. Gefettete Seitenzahlen verweisen auf den Haupteintrag.

SCHREIBEN SIE UNS!

Egal, was Ihnen Tolles im Urlaub begegnet oder Ihnen auf der Seele brennt, lassen Sie es uns wissen! Ob Lob, Kritik oder Ihr ganz persönlicher Tipp – die MARCO POLO Redaktion freut sich auf Ihre Infos.
Wir setzen alles dran, Ihnen möglichst aktuelle Informationen mit auf die Reise zu geben. Dennoch schleichen sich manchmal Fehler ein – trotz gründlicher Recherche unserer Autoren/innen. Sie haben sicherlich Verständnis, dass der Verlag dafür keine Haftung übernehmen kann.

MARCO POLO Redaktion
MAIRDUMONT
Postfach 31 51
73751 Ostfildern
info@marcopolo.de

IMPRESSUM
Titelbild: Luchs im Wald (Look/age fotostock)
Fotos: DuMont Bildarchiv: P. Hirth (54, 69, 70); Getty Images: B. Sawaya (18 M.); Getty Images/Taxi: T. Robberts (3); huber-images: R. Schmid (12/13, 17, 53, 60/61, 66); A. K. Koophamel (1 u.); Laif: T. Gerber (8, 46, 114/115), P. Hirth (63, 76, 80, 95, 108 o.), H.-B. Huber (65), M. Mauthe (7); Look: T. Richter (2, 4 u., 74/75), A. Strauß (5, 6, 31, 50, 86/87), K. Wothe (Klappe r.), E. Wrba (107, 109); Look/age fotostock (1o., 9); Look/Travel Collection (48); mauritius images: M. Gilsdorf (30/31); mauritius images/Alamy: R. Beznoska (56/57), V. Preusser (44); mauritius images/imageBROKER: Dr. W. Bahnmüller (28 l.), E. Bömsch (30), M. Siepmann (106); mauritius images/Johnér (19 o.); mauritius images/MITO images: S. Gombert (18 u.); mauritius images/Pixtal (18 o.); mauritius images/Radius Images (20/21); mauritius images/Travelcollection: A. F. Selbach (73); mauritius images/Westend61: M. Siepmann (90); Okapia/imageBROKER: M. Siepmann (104); picture-alliance/AP Photo: A. Weigel (34); picture-alliance/Bildagentur-online/PWI-McPhoto (11); picture-alliance/dpa: A. Weigel (40, 85); picture-alliance/Sodapix AG: T. Rathay (101); picture-alliance/SZ Photo: S. Beck (22); picture-alliance/Westend61: L. & W. Bahnmüller (83); T. Stankiewicz (10, 25, 36, 43, 78); vario images/imageBROKER (14/15, 96, 108 u.); vario images/Westend61 (26/27, 28 r., 58, 102/103); T. P. Widmann (Klappe l., 4 o., 29, 32/33, 39, 98/99, 106/107); Zoo Bavaria (19 u.))

13., aktualisierte Auflage 2019

Autorin: Christine Pierach; Bearbeiterin: Anne Kathrin Koophamel; Redaktion: Leonie Neumann
Bildredaktion: Anja Schlatterer
Kartografie Reiseatlas: © MAIRDUMONT, Ostfildern; Kartografie Faltkarte: © MAIRDUMONT, Ostfildern
Gestaltung Cover, S. 1, Faltkartencover: Karl Anders – Studio für Brand Profiling, Hamburg;Gestaltung innen: milchhof:atelier, Berlin; Gestaltung S. 2/3, Erlebnistouren: Susan Chaaban Dipl.-Des. (FH)

BLOSS NICHT

Ein paar Dinge, die Sie im Bayerischen Wald beachten sollten

UNVORBEREITET WANDERN

Die ausgedehnten Wälder der Region bieten Ortsunkundigen selten markante Orientierungspunkte. Die Wanderstrecken sind zwar gut markiert, aber man kommt trotzdem leicht vom Weg ab. Ziehen Sie deshalb nie ohne gute Karte los! Auf den Bergen kann es rasch abkühlen. Eine Windjacke ist ratsam, genauso wie ausreichend Proviant, da die Hütten außerhalb der Sommermonate gelegentlich geschlossen sind.

WAFFENSOUVENIRS MITBRINGEN

In Tschechien werden Schreckschusspistolen, Springmesser und echt aussehende Spielzeugwaffen günstig angeboten. Davon sollten Sie die Finger lassen. Schon das bloße Mitführen in der Jacken- oder Umhängetasche ist bei vielen dieser Gegenstände in Deutschland verboten und wird in Bayerns Grenzland drakonisch bestraft!

DEN STAMMTISCH BELAGERN

Wenn Sie in einem Wirtshaus selbst im größten Gedränge einen Tisch entdecken, an dem niemand sitzt, obwohl kein „Reserviert"-Schild zu sehen ist, stehen Sie vermutlich vor dem sakrosankten Stammtisch. An diesem sollten Sie sich nicht niederlassen. Andererseits gibt es kaum einen herzlicheren Beweis für Ihr Ansehen im Urlaubsort als die Einladung der Stammtischgesellschaft: „Hock di zura!" („Nehmen Sie doch bei uns Platz!")

VERKLEIDEN

Tracht ist im Wald nicht weit verbreitet und unterliegt wenn, dann strengen Regeln. Verzichten Sie auf Landhausmode und nennen Sie Dirndl und Lederhosn besser nicht „Kostüm". Kleine Trachtenmode-Geschäfte in den Ortschaften beraten gerne, wenn Sie echtes Interesse zeigen.

ZUR RUSHHOUR FAHREN

Die steigungsreichen Routen von und nach Tschechien, vor allem durch Philippsreut und Bayerisch Eisenstein, sind regelmäßig von Brummis verstopft. Außerdem sind viele Arbeitnehmer im Bayerischen Wald Nah- und Fernpendler. Wollen Sie nicht mit im Stau stehen, sollten Sie zur Rushhour morgens und nachmittags Innenstädte und Hauptverkehrsadern melden.

RANGER ÄRGERN

Im Nationalparkgebiet passen uniformierte Ranger auf die Natur auf. Meist sind die Parkwächter einfach wandelnde Infostellen. Sie können aber auch richtig grantig werden, Sie sollten sich an die Regeln halten. Eigentlich klar, dass Sie Ihren Müll von der Wanderung mitnehmen, oder? Nehmen Sie Hunde an die Leine und trampeln Sie nicht neben den Wegen (Wegegebot im Kerngebiet). In Šumava kostet es bis zu 5000 Kronen (ca. 185 Euro) Bußgeld, wenn Sie verbotene Bereiche betreten. Auch Pflanzen, besonders Blumen, sollten Sie nicht pflücken, da einige geschützt sind.